Os
Upanishads

Os Upanishads

a essência dos seus ensinamentos

OSHO

Tradução
GILSON CÉSAR CARDOSO DE SOUSA

Editora Cultrix
SÃO PAULO

Título original: *The Upanishads*.
Copyright © 2014 Alexian Limited.
Copyright do texto © 2014 Osho International Foundation, Suíça.
Copyright da edição brasileira © 2015 Editora Pensamento-Cultrix Ltda.
Texto de acordo com as novas regras ortográficas da língua portuguesa.
1ª edição 2015.
1ª reimpressão 2017.

OSHO é uma marca registrada da Osho International Foundation, www.osho.com/trademarks

O texto deste livro foi selecionado a partir de várias palestras de Osho dadas a uma plateia ao vivo durante um período de mais de trinta anos. Todas as palestras de OSHO foram publicadas na íntegra em forma de livro, e também estão disponíveis como gravações de áudio originais. As gravações de áudio e o arquivo de texto completo podem ser encontrados na Biblioteca OSHO *on-line* em www.osho.com. OSHO é uma marca registrada da Osho International Foundation, www.osho.com/trademarks.

Autorização das imagens

Salvo disposição em contrário, todas as imagens pertencem ao Arquivo de Imagens da Osho International Foundation.

A imagem da p. 18 é de domínio público.

Todos os direitos reservados. Nenhuma parte desta obra pode ser reproduzida ou usada de qualquer forma ou por qualquer meio, eletrônico ou mecânico, inclusive fotocópias, gravações ou sistema de armazenamento em banco de dados, sem permissão por escrito, exceto nos casos de trechos curtos citados em resenhas críticas ou artigos de revistas.

A Editora Cultrix não se responsabiliza por eventuais mudanças ocorridas nos endereços convencionais ou eletrônicos citados neste livro.

Impresso na Malásia por Imago.

Editoração Eletrônica: Join Bureau
Revisão: Claudete Agua de Melo e Yociko Oikawa

Dados Internacionais de Catalogação na Publicação (CIP)
(Câmara Brasileira do Livro, SP, Brasil)

Osho, 1931-1990
   Os Upanishads : a essência dos seus ensinamentos / Osho ; tradução Gilson César Cardoso de Sousa. – São Paulo : Cultrix, 2014.

   Título original : The Upanishads.
   ISBN 978-85-316-1288-6

   1. Filosofia 2. Meditação 3. Morte 4. Sabedoria 5. Upanishads I. Título.

14-09397   CDD: 299.93

Índice para catálogo sistemático:
1. Upanishads : Sabedoria : Hinduísmo   299.93

Direitos de tradução para o Brasil adquiridos com exclusividade pela
EDITORA PENSAMENTO-CULTRIX LTDA., que se reserva a
propriedade literária desta tradução.
Rua Dr. Mário Vicente, 368 – 04270-000 – São Paulo, SP
Fone: (11) 2066-9000 – Fax: (11) 2066-9008
http://www.editoracultrix.com.br
E-mail: atendimento@editoracultrix.com.br
Foi feito o depósito legal.

sumário

prefácio   6

os upanishads ensinam a totalidade   10

este mundo é transitório   20

conhecimento falso e conhecimento verdadeiro   40

essa energia se chama *maya*   54

pertencemos ao todo   62

a morte é o problema fundamental   70

você nasceu com uma consciência   80

comece pelo negativo   90

concentre-se no anfitrião   98

quando o aqui e o ali se tornam um   106

você está indo... para lugar nenhum   114

três caminhos básicos e indivisíveis   124

torne-se o desconhecido   136

sobre o autor   144

prefácio

A palavra Upanishad *significa ensinamento esotérico, ensinamento oculto, ensinamento secreto.* Upanishad *é o caminho secreto, a chave secreta – o esotérico, o oculto, o desconhecido.* Upanishad *quer dizer mistério.*

Decidi falar sobre os Upanishads porque, para mim, eles representam uma das mais puras expressões do absoluto – se é que o absoluto pode ser expresso. Realmente parece difícil, ou mesmo impossível, transmitir pela mente o que é conhecido além da mente. Em certa medida, é absolutamente impossível dizer algo a respeito daquilo que sentimos quando estamos no mais profundo dos silêncios. Quando as palavras não existem dentro de nós, quando a verbalização cessa completamente, quando o intelecto já não funciona e quando a mente se ausenta, deixando de memorizar, então acontece: vivemos a experiência. E quando a mente retorna, quando a memória volta a funcionar, quando o intelecto toma posse de nós novamente, a experiência desaparece. Já não está ali; só restaram seus ecos, suas vibrações. Só eles podem ser capturados, só a mente pode expressá-los.

Eis por que sempre foi difícil e mesmo impossível, para aqueles que alcançaram o conhecimento, dizer alguma coisa sobre ele. Quem nada conheceu pode dizer muito. Mas quem conheceu encontra cada vez mais dificuldades para se expressar porque suas palavras soarão falsas. Eles podem comparar a experiência com sua expressão, pois a experiência foi intensa. E descobrem o que as palavras fazem com ela: falsificam-na.

prefácio 7

Quando uma experiência vivida é expressa em palavras, parece inaceitável, morta. Uma experiência vivida realmente plena, em que todo o nosso ser dança e celebra, parece insípida e vazia quando veiculada pelo intelecto.

Os que não conhecem podem falar muito porque não dispõem de um termo de comparação para aquilo que falam. Não tiveram uma experiência original; não sabem o que fazem. Depois que ficam sabendo, constatam como é problemático exprimi-lo. Muitos, por causa disso, não falaram nada ou permaneceram totalmente desconhecidos – pois só temos notícia de quem fala. No momento em que alguém fala, entra para a sociedade. No momento em que deixa de falar, sai da sociedade – já não faz parte dela. A linguagem é o pressuposto da existência da sociedade. Podemos compará-la ao sangue: o sangue circula em nós e nós existimos; a linguagem circula na sociedade e a sociedade existe. Sem linguagem, não há sociedade; logo, quem permaneceu em silêncio se afastou dela. Foi esquecido. Na verdade, nunca ouvimos falar deles.

Em algum lugar Vivekananda disse, e com razão, que os Budas, os Krishnas e os Cristos por nós conhecidos não são realmente os representantes, não estão no centro e sim na periferia. Os acontecimentos centrais se perderam para a história. As pessoas que silenciaram a ponto de não poder se comunicar conosco são desconhecidas. Não é possível conhecê-las porque não há meio para isso. Até certo ponto Vivekananda está certo, mas aqueles que silenciaram completamente, nada revelando sobre sua experiência, não nos ajudaram em nada. Não mostraram compaixão suficiente. Pode-se dizer até que foram profundamente egoístas. Sem dúvida, dizer alguma coisa sobre a verdade é difícil, mas mesmo assim é preciso tentar – porquanto até uma verdade diluída costuma ser útil a quem vive na ilusão completa. Mesmo algo que contém um eco longínquo de verdade pode ajudar uma pessoa a mudar.

Buda não se sente muito feliz com o que tem a dizer. Acha que nada do que diz é verdadeiro. Nisso, lembra Lao-tsé, que declarou: "O que pode ser dito não é verdadeiro; dizê-lo é falsificá-lo". Contudo, para quem vive em mundos repletos de ilusões, para quem está profundamente adormecido, para esse até um alarme falso pode ser útil. Se conseguir despertar, adquirir uma nova consciência, um novo ser, ele se beneficiará até mesmo de um alarme falso. Quando finalmente despertar, obviamente constatará que era falso – mas ajudou.

Num certo sentido, não importa o que somos ou onde estamos, nossa natureza é tão falsa que a verdade realmente, absolutamente pura não nos é necessária. Ela não pode penetrar em nós. Não haverá nenhum contato; não lograremos entendê-la. Só uma verdade muito diluída, muito modificada – diríamos mesmo falsificada – consegue nos atrair porque então entendemos sua linguagem: ela foi traduzida para nós.

Os Upanishads são muito simples; eles falam coloquialmente. Não são filosóficos, são religiosos. Não se ocupam de conceitos, teorias, doutrinas; ocupam-se de uma verdade vivida – o que ela é e como pode ser vivenciada. Você não pode refletir sobre ela, filosofar a respeito dela; pode apenas entrar nela e deixar que ela entre em você. Você pode apenas ficar prenhe da verdade, absorver-se totalmente na verdade. Fundir-se na verdade.

Falaremos sobre os Upanishads e eu oferecerei minha própria experiência como uma resposta a eles. Mas isso será apenas um degrau. A menos que você penetre em sua própria dimensão, essa experiência não o ajudará muito. A menos que você execute um salto no desconhecido, essa experiência não terá nenhum valor. Ela poderá até ser prejudicial, pois sua mente já está sobrecarregada, saturada. Não precisa que a sobrecarregue ainda mais. Estou aqui para aliviá-la.

Não vou lhe transmitir nenhum conhecimento novo. Vou lhe transmitir apenas um tipo puro de ignorância. Por ignorância pura, entendo a inocência. A mente totalmente vazia, aberta. Uma mente que conhece nunca está aberta; está sempre fechada. O sentimento do "eu conheço", por si só, já nos bloqueia. O sentimento do "não conheço" significa que estamos abertos, prontos para agir, prontos para aprender, prontos para viajar.

Eu vou ensiná-lo a ser ignorante, a desaprender, não a conhecer. Só o ato de desaprender poderá ajudá-lo. No momento em que desaprende, no momento em que regride à ignorância, você se torna inocente como uma criança. Jesus disse: "Deixai vir a mim as criancinhas, pois delas é o reino dos Céus". Eu procurarei transformá-lo numa criancinha.

Seja corajoso. Esforce-se. Não haverá desafio maior para você. E, a menos que o aceite, não conseguirá entender os Upanishads – nem a mim.

Para encarar esse desafio, você deverá levar em conta algumas exigências básicas. A primeira é colocar de lado todo o seu conhecimento. Seja ignorante por alguns poucos dias. Você não perderá esse conhecimento. Se, depois desse tempo, você ainda achar que ele é bom, retome-o. Mas durante algum tempo deponha o fardo de sua mente. Não permita a seu conhecimento, qualquer que ele seja, interferir no processo, do contrário não conseguirei estabelecer a comunhão para a qual o convidei.

Esta será uma grande experiência.

os Upanishads ensinam a totalidade

Estamos penetrando num mundo dos mais encantados e misteriosos – o mundo dos Upanishads. Os dias dos Upanishads foram os mais notáveis no campo da busca espiritual. Nunca antes ou depois a consciência humana atingiu tamanhas culminâncias.

Os dias dos Upanishads foram, por várias razões, realmente dourados. A mais importante está contida neste mantra seminal:

AUM	*AUM*
Purnamadah	*Aquilo é o Todo.*
Purnamidam	*Isto é o Todo.*
Purnat purnamudachyate	*Da totalidade emerge a totalidade.*
Purnasya purnamadaya	*A totalidade provém da totalidade,*
Purnameva vashishyate	*E a totalidade permanece.*

Isha Upanishad

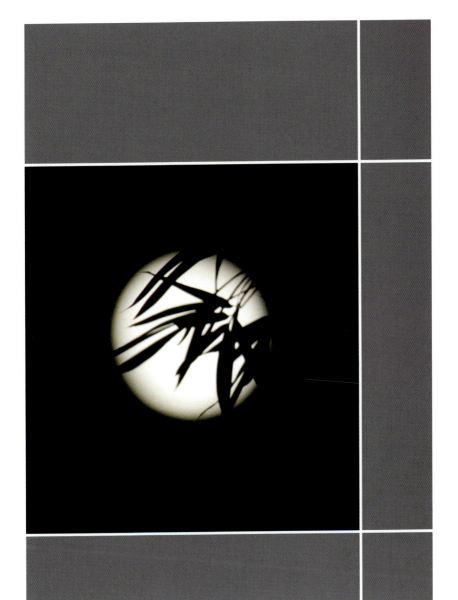

Os Upanishads enfatizam a totalidade. Repito: a totalidade, não a perfeição. No instante em que alguém deseja ser perfeito, o ego assume o controle. O ego é perfeccionista – quer ser perfeito – e a perfeição arrasta a humanidade para a loucura.

A totalidade é outra coisa; tem outro sabor. A perfeição está no futuro: é um desejo. A totalidade está aqui: é uma revelação. A perfeição tem que ser alcançada e isso, obviamente, leva tempo: precisa ser gradual. Cumpre sacrificar o presente pelo futuro, o hoje pelo amanhã. Mas o amanhã não chega nunca; o que chega sempre é o hoje. A existência ignora o futuro e o passado; só conhece o presente. O agora é o único tempo, o aqui é o único espaço. Se você se abstrair do agora e do aqui, mergulhará em alguma forma de insanidade. Você se fragmentará; sua vida se transformará num inferno. Você ficará dividido: o passado requisitará uma parte de você e o futuro requisitará a outra. Você se tornará esquizofrênico, cindido, pulverizado. Sua vida será apenas angústia profunda, tremor, ansiedade, tensão. Você não conhecerá a bem-aventurança, não conhecerá o êxtase porque o passado não existe.

As pessoas vivem de lembranças que são meras pegadas na areia; ou projetam sua vida no futuro, que também não existe. O passado já se foi, o presente ainda não chegou – e, entre os dois, a pessoa perde o real, o presente, o agora.

A totalidade é feita do agora. Se você conseguir simplesmente estar aqui, este exato instante trará a revelação! Não gradual, mas súbita – uma explosão!

A palavra *Upanishad* é tremendamente importante. Significa apenas ficar sentado junto ao mestre; uma comunhão. O mestre vive na totalidade; vive e palpita no aqui e agora. Sua existência tem música, tem alegria, tem silêncio absoluto. Sua existência é cheia de luz.

O mero ato de sentar-se em silêncio junto ao mestre já basta porque a presença dele é contagiosa, a presença dele é pujante. O silêncio do mestre se insinua em nosso coração. A presença do mestre funciona como um ímã: esse ímã nos

puxa do pântano do passado e do futuro. Traz-nos para o presente.

Upanishad é comunhão, não comunicação. A comunicação ocorre entre cabeças, a comunhão ocorre entre corações. Esse é um dos maiores segredos da vida espiritual e nunca, em lugar algum, foi compreendido tão profundamente quanto nos dias dos Upanishads.

Os Upanishads surgiram há cerca de 5 mil anos. Uma comunhão secreta, uma transmissão que prescinde de escrituras e palavras. *Upanishad* é isto: sentar-se silenciosamente para ouvir não apenas minhas palavras, mas também minha presença. As palavras não passam de um veículo para o silêncio. O verdadeiro conteúdo é o silêncio; as palavras são o invólucro. Quem se interessa demais pela palavra não capta o espírito.

Por isso, não valorize muito a palavra. Ouça a pulsação do mundo. Quando o mestre fala, suas palavras brotam de seu íntimo. Elas estão repletas da cor, da luz do mestre. Trazem um pouco do perfume de seu ser. Se você for aberto, vulnerável, receptivo, acolhedor, então elas penetrarão em seu coração e darão início a um processo.

A palavra *Upanishad* significa aproximar-se de um mestre e só nos aproximamos de um mestre quando estamos fartos de professores, lições, dogmas, credos, filosofias, teologias, religiões. É então que procuramos um mestre. E o fazemos pela renúncia. Não se trata de renunciar ao próprio ser, mas ao ego, essa falsa ideia de que somos alguém, alguém especial. Tão logo sufocamos a ideia do ego, as portas se abrem – para o vento, a chuva, o sol – e a presença do mestre começa a nos invadir, criando uma nova dança em nossa vida, fornecendo-nos um novo sentido de poesia, mistério e música.

Sincronicidade: o mestre dança num certo ritmo e num determinado plano. Se você estiver pronto, também começará a dançar como ele – no princípio, só um pouco, mas esse pouco já é o bastante. No princípio, gotas; logo depois, o oceano.

Quando houver saboreado a alegria de abrir-se, você não conseguirá mais fechar-se. Primeiro, abrirá apenas uma janela ou uma porta; em seguida, todas as janelas e todas as portas. Chega um momento, na vida do discípulo, em que não só portas e janelas se abrem como as próprias paredes

desaparecem! O discípulo está então totalmente aberto, multidimensionalmente disponível. Esse é o significado da palavra *Upanishad*.

Os Upanishads foram escritos em sânscrito, a língua mais antiga da Terra. A palavra *sânscrito* quer dizer transformado, adornado, coroado, decorado, refinado (concentre-se, porém, na acepção *transformado*). A própria língua se transformou porque, como muitos que a usavam atingiram o absoluto, parte de sua alegria e parte de sua poesia penetraram nas células, nas fibras dessa língua. Ela se modificou, se iluminou. Foi inevitável. Também hoje, no Ocidente, os idiomas estão se tornando cada vez mais científicos, acurados, matemáticos, precisos. Têm de ser assim porque a ciência está lhes emprestando suas cores, seus contornos, sua forma. Se a ciência evolui, então, obviamente, a língua que a expressa precisa ser cada vez mais científica.

O mesmo aconteceu há 5 mil anos com o sânscrito, na Índia. Muitas pessoas alcançaram a iluminação – e todas falavam essa língua. A iluminação deles penetrou nela com sua música, sua poesia, sua celebração. O sânscrito se iluminou. É o idioma mais poético e musical que jamais existiu.

Uma língua poética é o oposto de uma língua científica. Numa língua científica, cada palavra precisa ter um significado exato, ou seja, um único significado. Numa língua poética, a palavra precisa ser líquida, fluida, dinâmica (nunca estática); precisa apresentar vários significados, várias possibilidades. Não é necessário que a palavra seja exata; quanto mais vaga for, melhor,

pois então será capaz de exprimir todos os matizes possíveis.

Por isso, os sutras sânscritos podem ser explicados e comentados de várias maneiras – o que é muito divertido. Por exemplo, há oitocentas raízes gramaticais em sânscrito, das quais derivam milhares de vocábulos, tal como da raiz de uma árvore brotam o tronco, inúmeros galhos, milhares de folhas e centenas de flores. Cada raiz se torna uma grande árvore com rica folhagem.

Tomemos, por exemplo, a raiz *ram*. Seus significados podem ser: primeiro, "acalmar-se", segundo "descansar", terceiro "deleitar-se com", quarto "deleitar (alguém)", quinto "fazer amor", sexto "juntar-se a", sétimo "tornar feliz", oitavo "ser abençoado", nono "brincar", décimo "ser pacífico", décimo primeiro "imobilizar-se", décimo segundo "deter-se, parar de vez" e décimo terceiro "Deus, divino, o absoluto". E essas são apenas algumas das acepções de *ram*. Às vezes, os significados se relacionam, às vezes não; outras, até se contradizem.

Portanto, o sânscrito é uma língua multidimensional. Você pode jogar com essas palavras e, assim, exprimir o inexprimível (ou, pelo menos, sugeri-lo).

Dá-se ao sânscrito o nome de *devavani*, "a língua divina". E com razão, pois, de todos, é o idioma mais poético e mais musical. Cada palavra soa como música, cada palavra tem seu perfume.

Por que isso aconteceu? Porque muitos de seus falantes estavam repletos de harmonia interior.

Como esses falantes eram iluminados, as palavras que empregavam se tornaram luminosas. Parte de sua luz se transferiu para os vocábulos, aderiu a eles; parte de

> *Não é necessário que a palavra seja exata; quanto mais vaga for, melhor, pois então será capaz de exprimir todos os matizes possíveis.*

seu silêncio se entranhou na própria gramática, na própria estrutura da língua que usavam.

A escrita em que o sânscrito é vertido chama-se *devanagari*, que significa "morada dos deuses" – e ela de fato o é. Cada palavra se tornou divina simplesmente porque foi usada por pessoas que conheceram Deus ou o divino.

Eis um fundamento que nunca deve ser esquecido. Os Upanishads dizem que o mundo é a forma manifesta de Deus e que Deus é a forma não manifesta do mundo; dizem também que cada fenômeno manifesto traz em si um fenômeno não manifesto.

Quando você vê uma flor, vê apenas a forma manifesta de algo que está dentro dela, sua essência invisível, sua alma, seu ser verdadeiro. Você não pode apreender essa essência dissecando a flor. Para consegui-lo, precisará recorrer à abordagem poética, não à abordagem científica. Esta analisa; aquela é uma perspectiva totalmente diversa. A ciência jamais encontrará beleza na flor porque a beleza pertence à forma não manifesta. A ciência dissecará a forma manifesta e encontrará todas as substâncias de que a flor é constituída, mas não encontrará sua alma.

Todas as coisas têm corpo e alma. O corpo é o mundo e a alma é Deus; o corpo, porém, não é inimigo da alma, assim como o mundo não é inimigo de Deus. O mundo manifesta Deus, exprime Deus. Deus é o silêncio e o mundo é a canção desse silêncio. O mesmo se aplica a você. Toda pessoa tem uma estrutura manifesta (corpo-mente) e uma estrutura não manifesta (consciência).

> " *Quando você vê uma flor, vê apenas a forma manifesta de algo que está dentro dela, sua essência invisível, sua alma, seu ser verdadeiro.* "

A religião busca descobrir o não manifesto no manifesto. Não é uma questão de fugir de tudo; é uma questão de explorar as profundezas. Explorar o centro silencioso, o olho do furacão. Ele está sempre presente e pode ser achado a qualquer momento. Não é algo que se vá encontrar em outra parte, no Himalaia ou num mosteiro. Está dentro de nós! Podemos encontrá-lo tanto no Himalaia quanto num mercado.

Os Upanishads ensinam que é errado escolher entre o absoluto e o relativo. Qualquer escolha nos divide, impedindo-nos de ser um todo. E sem totalidade não há bem-aventurança, não há santidade; sem ela nos tornamos invariavelmente um pouco dispersos, insanos. Quando formamos um todo, temos saúde porque não estamos fragmentados.

O relativo é o mundo mutável, fenomênico; o absoluto é o centro permanente de um mundo inconstante. Encontre o imutável no mutável. Ele está ao seu alcance: você só precisa conhecer a técnica de encontrá-lo. Essa técnica é a meditação.

Meditar significa simplesmente sintonizar-se com o não manifesto. O corpo

está aí, você pode vê-lo; a mente está aí, você pode vê-la também. Se fechar os olhos, conseguirá surpreendê-la em pleno funcionamento, em plena ação. Pensamentos irrompem, desejos brotam, lembranças chegam à superfície – a atividade toda da mente está aí, você pode percebê-la.

Uma coisa é certa: o observador não é a mente. Aquele que acompanha as atividades da mente não faz parte da mente. O observador está separado, a testemunha está separada. Quando você toma consciência dessa testemunha, descobre o essencial, o central, o absoluto, o imutável.

O corpo muda: as pessoas são crianças, depois jovens, depois velhas... Estiveram no útero da mãe, nasceram e um belo dia morrerão, desaparecendo no ventre da existência. O corpo muda, muda sem parar.

A mente muda. De manhã você está alegre, de tarde irritado, de noite triste.

Humores, emoções, sentimentos mudam; pensamentos mudam. A roda gira perpetuamente em torno de você como um ciclone. O mundo fenomênico é o ciclone, nunca o mesmo, sequer por dois momentos consecutivos.

Entretanto, alguma coisa é sempre a mesma, inalterável: a testemunha. Descobri-la é descobrir o divino. Por isso, os Upanishads não ensinam nenhum culto, ensinam a meditação. Esta pode ser praticada em qualquer lugar porque o objetivo é descobrir a testemunha. Num mosteiro, o mesmo método deverá ser aplicado; e numa montanha também. Você poderá estar em casa, com a família, ou no supermercado – o método é um só.

No mundo, na verdade, é mais fácil perceber a mudança. No deserto é mais difícil porque ali nada parece se alterar: as mudanças ocorrem de maneira tão sutil que é

quase impossível notá-las. Mas no mercado ou na rua podemos perceber a mudança a todo instante; o trânsito flui, jamais se detém. Viver num mosteiro é viver num mundo estático, num mundo sonolento. É viver como uma rã numa lagoa, num poço fechado. No oceano, percebem-se melhor as mudanças.

É bom estar no mundo: eis a mensagem dos Upanishads. Os videntes upanishádicos não eram ascetas. Sem dúvida renunciavam a muitas coisas, mas essa renúncia não lhes custava nenhum esforço; provinha do conhecimento, da meditação. Eles renunciavam ao ego porque sabiam que o ego é um produto fabricado pela mente. Não possui realidade nem substância; não passa de sombra e perder tempo com ele é uma estupidez. Renunciar, aqui, não é bem o termo: melhor diríamos que, dado o grau de percepção desses videntes, o ego definhava por si mesmo.

Eles se tornavam não possessivos. Isso não quer dizer que não possuíssem coisas e sim que não se apegavam a elas. Usavam-nas. Não eram mendigos. Viviam alegremente, gozando tudo o que lhes fosse acessível, mas não se agarravam a nada. Esta é a verdadeira renúncia: viver no mundo e ainda assim não ter apego algum. Amavam, mas não eram ciumentos. Amavam plenamente, mas sem egoísmo, sem querer dominar o outro.

É isso o que estou tentando fazer aqui. (E ainda há tolos na Índia que me julgam inimigo da cultura indiana!) Sem dúvida, sou contrário ao que aconteceu na Índia nestes 3 mil anos – isso não é cultura autêntica, é um desvio e muito feio. Ele empobreceu a Índia, escravizando-a por séculos; tornou-a faminta, doente e suja por uma razão muito simples: se ensinarmos às pessoas que não vale a pena viver, que devemos renunciar à vida, que a única virtude é combater a existência, então é claro que só haverá sofrimento.

Mas não é essa a mensagem dos Upanishads, que representam a verdadeira alma da Índia – e não só da Índia como de todos os povos religiosos. Eles encontrarão nos Upanishads seu próprio coração; eles se rejubilarão nos Upanishads porque os Upanishads ensinam a totalidade.

este mundo é transitório

Este mundo é transitório.
Quem nele nasceu vive num sonho
tão falso quanto um elefante visto nas nuvens.
Da mesma forma, teus desejos e fantasias
resultam do impacto do corpo e dos sentidos.
São meras ilusões, como uma corda que parece uma serpente.
Portanto, a meta é realizar o Brahman,
a realidade última,
que possui milhares de nomes diferentes, como Vishnu e Brahma.
A disciplina é o único caminho.

Nirvan Upanishad

Este mundo é transitório... A palavra transitório se refere àquilo que existe e deixa de existir a cada instante. Transitório não significa inexistente; o mundo é bastante real, não pode haver dúvida quanto à sua existência.

Se o mundo não existisse, seria impossível que nos prendêssemos a ele e fôssemos por ele iludidos. Se o mundo não existisse, não precisaríamos nos libertar de suas garras. A existência do mundo é um fato. Mas isso não quer dizer que ele seja permanente. O mundo se modifica a todo momento; o que agora existe não será o mesmo daqui a pouco. Nada permanece tal qual é sequer por um instante.

Por isso o Buda disse: "O mundo é uma verdade passageira". Permanece verdadeiro por uma fração de segundo.

Heráclito, o filósofo grego, afirmava: "Não se pode atravessar o mesmo rio duas vezes". O rio flui continuamente; não se pode atravessar o mesmo rio duas vezes porque as águas da primeira travessia já se foram na segunda. Também não é possível olhar o mesmo mundo duas vezes: num piscar de olhos, ele já mudou.

Buda ensina que a palavra "é" deve ser considerada errônea. Eis uma lição verdadeiramente profunda: nada "é" porque tudo está num estado perpétuo de vir a ser. Não há um estado de "é". Quando dizemos que um homem é jovem, empregamos o termo errado; o Buda diria: "Este homem está sendo jovem". Vida é movimento, processo. Não há nada permanente em parte alguma. Dizemos que um homem é velho como se ser velho fosse uma condição estática. O Buda corrigiria: "Este homem está sendo velho". Nada "é"; tudo vem a ser.

A primeira tradução da Bíblia para o birmanês encontrou muitas dificuldades. A língua birmanesa se desenvolveu aos poucos, depois do estabelecimento do budismo no país. Os elementos básicos da filosofia budista penetraram fundo no idioma. Em birmanês, não existe palavra para traduzir a forma verbal é. A mais próxima veicula a ideia de "estar acontecendo". A frase "isto é um rio" será traduzida em birmanês como "o rio está sendo" ou "vindo a ser". Em muitos casos não havia problema com isso, mas a frase "Deus é" em birmanês só poderia ser dessa maneira: "Deus está sendo" ou "Deus está vindo a ser". Um grande embaraço.

Buda disse: "Nada é, tudo se torna". Ele estava certo. Vemos uma árvore e declaramos: "Isto é uma árvore"; mas, antes de completar a frase, a árvore já é outra árvore, uma árvore mudada. Um novo galho ou folha pode ter brotado naquele momento, uma folha seca pode ter caído, um botão pode ter se aberto em flor ou uma flor pode ter desabrochado; talvez uma flor tenha murchado, as raízes sugado água fresca e as folhas absorvido novos raios solares. Portanto, enquanto dizemos "A árvore é", ela muda consideravelmente; não é mais a mesma. Não existe condição estática no

mundo, tudo é apenas processo. Os Upanishads têm idêntica postura.

O sábio deste Upanishad diz:

O mundo é transitório.

Quem nele nasceu vive num sonho...

Permanência significa impossibilidade de transformação, impossibilidade de mudança. Se uma coisa continuar a ser o que sempre foi, então sim, poderemos descrevê-la como permanente. Mas, sem dúvida, o mundo não se parece em nada com isso: está sempre em constante mudança. Lembra um "é", mas se transforma, se modifica o tempo todo. O mundo está a caminho – um moto-perpétuo, um ser transiente.

No entanto, como criamos ilusões, essas coisas nos parecem imutáveis. Achamos que nosso corpo é, mas ele não passa de fluxo, de corrente. Qualquer cientista confirmará que, no período de sete anos, todas as células de nosso corpo são substituídas, nenhuma sobrevive. Depois de sete anos, todas morrem e o corpo é completamente renovado. A pessoa que vive setenta anos troca de corpo dez vezes. As células mudam a cada instante.

Você talvez pense que morre uma única vez, mas seu corpo já morreu milhares de vezes. Suas células mudam e morrem. A comida promove o nascimento de novas células diariamente; as velhas são expelidas por diversas portas do corpo. Isso ocorre constantemente. Pode ser que você nunca tenha pensado no seguinte: quando você corta as unhas ou o cabelo, não sente nenhuma dor. A ausência de dor indica que o cabelo e as unhas são partes mortas. Se fossem vivas, você sentiria dor. As partes

> *" Felicidade e infelicidade, amor e ódio, amizade e inimizade estão unidos. "*

mortas são eliminadas: unhas, cabelo, fezes e suor. Enquanto isso, o corpo vai gerando células novas, tiradas do alimento consumido. O corpo também é como um rio, só permanece ilusoriamente. Há trezentos anos, não se sabia que o sangue circula pelo corpo. Pensava-se que ele ficasse parado nas veias, pois não sentimos seu fluxo. Na verdade, ele corre pelo corpo a grande velocidade, como um rio de águas rápidas. Num instante passa do pé para a cabeça; seu ritmo é acelerado. A circulação é necessária para nutrir as células novas e remover as velhas. O sangue está constantemente eliminando células gastas. No mundo, há a ilusão de que as coisas existem, mas nada realmente subsiste de um momento para o outro. Tudo muda sem parar e o sábio descreve essa mudança contínua como "transitoriedade".

Há outra razão para descrever o mundo como transitório. Se você entender corretamente a natureza passageira do mundo, não ficará obcecado por nada. Se a natureza do mundo é passageira e tudo muda, então não se apegará às coisas julgando que serão suas para sempre. A juventude avança para a velhice, apenas isso. A

juventude é apenas uma tentativa de chegar à velhice. Uma não se opõe à outra, ambas fazem parte do mesmo fluxo. A juventude está poucos passos atrás da velhice – o fluxo, porém, é um só. A margem da juventude e a margem da velhice ladeiam o mesmo rio.

Se você entender que, neste mundo, tudo morre a cada momento, sua insistência inconsequente em continuar vivendo também se desvanecerá. O que você chama de nascimento é apenas o primeiro passo para a morte. Quem não quer morrer não deveria ter nascido; não há escapatória. Quem nasceu morrerá. No dia em que você nasceu, sua jornada para a morte começou; o primeiro passo foi dado. O nascimento é o primeiro passo para a morte e a morte é o último passo depois do nascimento. Contemplando tudo isso como fluxo, fica fácil compreendê-lo. Mas contemplando-o como fatos, então nascimento e morte, juventude e velhice parecem coisas separadas.

O sábio afirma que este mundo é fluxo perpétuo; o nascimento se conjuga com a morte, a juventude com a velhice. Felicidade e infelicidade, amor e ódio, amizade e inimizade estão unidos.

Quem pretender controlar esse processo inevitável sofrerá muito. A humanidade é ansiosa porque tenta deter o fluxo, mas nada pode ser detido e permanecer conosco para sempre. Você gostaria de conservar o que lhe agrada. Gostaria de ser amado eternamente por quem o ama.

Todos os amantes sonham com o amor eterno – e por isso todos são infelizes. Neste mundo nada é eterno, nem sequer o

amor. As coisas mudam [...] essa é a natureza do mundo. Quem quer que algo se torne permanente será infeliz. O mundo não corrobora nossas expectativas. Ele tem suas próprias leis, seu próprio ritmo.

Você se meterá em maus lençóis se, sentado debaixo de uma árvore, esperar que todas as suas folhas permaneçam verdes para sempre – o que, bem entendido, não é culpa das folhas nem da árvore. Não é culpa do mundo, você mesmo cria a dificuldade com seus desejos. A folha está verde hoje, mas amanhã estará seca; a jornada da folha consiste em passar do verde para o seco. Se você conseguir ver a folha seca como parte da folha verde, compreenderá que o mundo é transitório. Se conseguir ver o velho moribundo na criança recém-nascida, compreenderá que o mundo é transitório. Se conseguir ver o arrefecimento do amor no surto da paixão, compreenderá que o mundo é transitório.

É assim que se passam as coisas, mas acontece que você vive no momento; só vê o momento e acredita que ele é tudo. Esquece os momentos passados e futuros – e, por causa disso, fica ansioso e sofre.

A principal causa do sofrimento do homem é seu desejo de deter o que não pode ser detido, atar o que não pode ser atado, preservar o que não pode ser preservado. Ele insiste em atribuir imortalidade àquilo cuja natureza é mortal. Então, fica ansioso. A ansiedade se deve à incerteza quanto ao futuro: "Continuarei amando amanhã a pessoa que amo hoje? Serei respeitado hoje por quem ontem me respeitava? Permanecerei nas boas graças de quem ontem me achava virtuoso?". Essa é a única ansiedade. Essa é a razão pela qual, quanto mais o materialismo se impõe, mais a ansiedade se agrava. Se o Ocidente é mais ansioso hoje, em comparação com o Oriente, o motivo é unicamente esse.

No Oriente, há sem dúvida mais miséria: fome, doenças, inundações. No Ocidente a fome não existe, as doenças são controladas, a longevidade aumenta. Há mais prosperidade, facilidades, conforto e saúde – mas mais ansiedade. Deveria haver mais ansiedade no Oriente do que no Ocidente; cálculos matemáticos nos levam a essa

conclusão. No Ocidente há menos fome, menos doença, menos desconforto. Até quem não trabalha consegue viver. Talvez, dentro de aproximadamente 25 anos, poucos ocidentais precisem trabalhar, pois a maioria das indústrias está se automatizando. Nos países em que a automação for generalizada, será necessário incorporar à constituição uma emenda segundo a qual todo cidadão terá o direito inalienável de ganhar dinheiro sem fazer nada. Sim, esse se tornará um dos direitos inalienáveis quando houver dinheiro de sobra – quando todas as tarefas forem executadas por máquinas, os cidadãos obterão legalmente dinheiro sem trabalhar.

A ansiedade, porém, aumenta cada vez mais. Acredito que, quando no Ocidente todas as tarefas forem executadas por máquinas, o homem se verá numa enorme dificuldade. A explicação disso é que os ocidentais só têm olhos para as coisas materiais e acham que só por meio delas podem ser totalmente felizes. Mas isso é impossível.

O sábio diz que este mundo é transitório, sendo loucura tentar torná-lo eterno.

A aceitação de sua transitoriedade é sabedoria. Isso se pode constatar não por minhas palavras, não pelo estudo nem pela experiência, mas pela observação do que ocorre à nossa volta. A impermanência é óbvia por toda parte, mas o homem é uma criatura surpreendente: apesar disso, vive como se nada mudasse. Nada é estável, tudo se altera – mas o homem continua inacreditavelmente cego, pois fechou os olhos. Tudo se move num fluxo perpétuo, mas as pessoas, com a maior complacência, sonham que as coisas continuarão sempre as mesmas. O sábio nos convida a abrir os olhos e perceber que o mundo é transitório: quem nasceu nele está vivendo num sonho.

Situar o mundo e o sonho no mesmo nível é uma das contribuições mais decisivas da sabedoria indiana. Nenhum outro povo sequer se aproximou da conclusão de que o mundo não passa de sonho. Dizer isso é difícil: qualquer um pode não con-

cordar e afirmar que a conclusão é falsa. E pode provar que é falsa pegando uma pedra e batendo com ela na cabeça! O efeito da pancada demonstrará que o mundo é bem real, não um sonho. É inútil recorrer à lógica: uma pancada na cabeça já basta. Quando o sangue escorre e a cabeça dói, a realidade se evidencia. Se o mundo fosse um sonho, a pedra também o seria – então, por que a dor? Mas a concepção indiana segundo a qual este mundo não passa de sonho é extremamente ousada.

Será conveniente, a propósito, lembrar duas ou três coisas. Quando os sábios dizem que algo é sonho, não afirmam que não existe. O sonho existe tanto quanto qualquer outra coisa. Tem sua própria realidade. É também um evento e, como tal, pode ser vivenciado.

Um fato interessante a respeito do sonho é que nós o experimentamos como verdade. Você, alguma vez, já sentiu durante um sonho que estava sonhando? Quando isso acontece, despertamos imediatamente. No sonho, sempre consideramos verdadeiro o que vemos, embora, ao despertar, reconheçamos que foi apenas um sonho. Ao percebermos que um sonho é sonho, ele se dissolve. Essa é uma condição necessária, para a continuidade do sonho, que o tomemos por real; de outro modo, ele se desvanece. À noite, o homem tem sonhos absurdos, dos quais, porém, não pode duvidar.

Leão Tolstói escreveu em algum lugar que tivera mil vezes o mesmo sonho. Ao acordar, sempre reconhecia quão absurdo ele era: "Como pode um sonho tão impos-

sível me visitar repetidamente?". É que, durante o sono, o mundo onírico parece absolutamente real.

Tolstói relatou que, no sonho, avistava um vasto deserto e um par de sapatos. Os sapatos caminhavam, mas não havia pés nem forma humana; só os sapatos. Ele teve esse sonho vezes sem conta. De cada vez, ao despertar, reconhecia o absurdo da cena; mas, dormindo, parecia-lhe perfeitamente normal que sapatos andassem sozinhos. Acordado, sentia-se mal, pois sapatos não andam por aí sem que alguém os calce. Mas o sonho não parava de se repetir: o deserto ilimitado, os sapatos andando sozinhos... Quando Tolstói começava a se assustar, o sonho se desvanecia. E, embora já o tivesse tido inúmeras vezes, sempre lhe parecia real.

Quando você está no meio de um sonho, o sonho não é sonho – é fato. No instante em que você o identifica como sonho, o filme se interrompe, a tela mental se acende e a cena desaparece.

Quem nele nasceu vive num sonho tão falso quanto um elefante visto nas nuvens.

Segundo o sábio, o que você vê depois de acordar também é sonho. Ora, mas isso já é demais! Sua casa, sua família, seus amigos, sua esposa, seus filhos, sua fortuna parecem muitíssimo reais. Como chamá-los também de sonho?

O sábio diz que há outro tipo de despertar, obtido por meio da *vivek*, a inteligência lúcida, a consciência plena. Quando você desperta para esse estado, descobre que o mundo – aquele que vê após acordar de uma noite de sono – é igualmente um sonho. Para saber que um sonho é sonho, o estado de consciência da pessoa precisa mudar. Só assim a comparação é possível. O sonho parece real no sono e só ao despertar a pessoa compreende que não era – da mesma forma, continua o sábio, quando você desperta para esse novo estado de consciência, tudo o que vê durante a vigília é também sonho.

Chamar a isso de sonho é apenas uma metáfora. Não quer dizer que, nesse novo estado, o sangue não escorrerá se alguém ferir você na cabeça. Mesmo num sonho, o sangue escorre de uma ferida na cabeça – sim, mesmo num sonho!

Num sonho, se alguém o atacar e sentar-se em seu peito com uma faca em punho, seu coração disparará, sua pressão

sanguínea subirá e você ficará tremendo. Já acordado, os batimentos cardíacos continuam acelerados por algum tempo – mesmo depois de você perceber que tudo não passou de um sonho, que ninguém se sentou em seu peito e foi apenas o travesseiro que o pressionou. Você desperta, mas o coração pulsa rápido, o sangue corre veloz por suas veias, a pressão sanguínea continua alta. Se alguém morre no sonho, você chora copiosamente; e quando acorda, as lágrimas ainda estão em seus olhos, tão intenso foi o sonho. Em suma, você só consegue saber que tudo não passou de um sonho quando acorda, não antes.

No entanto, há algumas pessoas dotadas de sabedoria e discernimento que identificam os acontecimentos devido à sua consciência total. Surpreendem-se ao ver tanta gente vivendo como se dormisse, imersa em sonhos. Só as pessoas despertas sabem disso; você não sabe porque também vive sonhando. Por isso, quando alguém desperta, os outros se sentem incomodados. Procuram arrastá-lo de volta para o sono lembrando-lhe quão doces são os sonhos que costuma ter!

Buda deixou o palácio e o reino do pai por constatar que, se continuasse lá, poderia ter esse mesmo destino. Por isso se dirigiu a um país vizinho, cujo rei, ao saber que o filho de seu amigo se tornara um *sannyasin*, ficou alarmado. Ele encontrou Buda e, sentando-se ao seu lado, aconselhou-o: "Você é ainda muito jovem, sem experiência da vida. Que loucura é essa? Se brigou com seu pai, não há problema: fique comigo. Posso lhe dar minha filha em casamento e metade de meu reino".

> " ... *há algumas pessoas dotadas de sabedoria e discernimento que identificam os acontecimentos devido à sua consciência total.* "

Buda respondeu: "Fugi de meu palácio pensando que ninguém me seguiria, mas agora aí está você!".

O rei insistiu: "Você é ainda muito jovem, sem experiência da vida. Volte para casa".

Aonde quer que Buda fosse, sempre aparecia alguém dizendo-se entendedor do mundo e querendo que ele continuasse adormecido – essas são as reações diante daqueles que despertaram.

Quando alguém se põe no caminho do despertar, surgem de todos os lados braços que tentam agarrá-lo como um polvo. Em qualquer lugar ele pode ser apanhado e induzido a dormir novamente. Tentações de todos os tipos acorrem para embalá-lo. Se algum conhecido seu desperta, você se sente mal porque ele começa a avaliar as coisas diferentemente, dizendo: "Você está profundamente adormecido, no estado onírico. Ignora que a vida mundana é transitória e que irá perdê-la". O homem ocupado em construir sua casa, ao escutar que esta vida é transitória, um episódio passageiro, não está pronto para reconhecer que sua casa também cairá em ruínas como tantas outras construídas antes.

Há dois ou três anos, eu estava em Mandavagadh, num acampamento de medi-

tação. Há 600 anos, moravam nessa cidade 600 mil pessoas. Perto da estação rodoviária, uma placa informava que agora a população era de apenas 913. Fato curioso: uma cidade outrora tão movimentada e hoje decadente. Com mesquitas capazes de abrigar 10 mil fiéis, mas que agora mal recebiam dez dispostos a orar. No passado, enormes *caravançarás* acolhiam centenas de viajantes. No presente, apenas 913 pessoas habitavam o lugarejo, em meio a ruínas. No entanto, um homem que construísse ali uma casa jamais se preocuparia com essas ruínas; ele construiria a casa como se ela fosse durar para sempre.

O homem desperto trata de assuntos que nos deixam infelizes. Esses assuntos causam infelicidade porque, uma vez conhecendo-os, não conseguimos mais viver como antes. Temos de mudar, operar em nós mesmos mudanças radicais. Contudo, insistimos em continuar vivendo tais quais somos porque a transformação requer esforço e causa transtornos.

O sábio diz:
Este mundo é transitório.

Quem nele nasceu vive num sonho tão falso quanto um elefante visto nas nuvens.

Quando o céu está coberto de nuvens, você pode imaginá-las assumindo qualquer forma. Se desejar, verá um elefante no céu. Crianças pequenas acham que as manchas escuras da lua representam uma velha trabalhando num tear! O que você vê é seu próprio desejo; você pode projetar aquilo que quiser. Às vezes, vislumbra uma carruagem atravessando o céu, um elefante, uma mulher bonita, *apsaras*, anjos, seja lá o que for. Na verdade, não há nada nas nuvens, você vê o que está em seus olhos. Uma nuvem é apenas uma nuvem, onde você pode distinguir o que bem entender.

Os psicanalistas ocidentais pesquisam bastante a projeção mental. Usam manchas de tinta, como as que aparecem num mata-borrão, para estudar seus pacientes. Mostram-lhes essas manchas e pedem que descrevam o que estão vendo. O paciente projeta a figura de alguma coisa que está em sua mente nas manchas, o que pode dar uma pista de sua condição mental. Mas a figura, é claro, não está nas manchas.

Ouvi esta história:

Mullá Nasruddin consultou certa vez um psiquiatra. Sua mente estava perturbada e confusa, de modo que ele achou melhor buscar aconselhamento. O psiquiatra queria descobrir a causa da confusão mental de Mullá e, mostrando-lhe um papel com uma mancha de tinta, perguntou-lhe o que ele via ali. Mullá respondeu: "A figura me lembra uma mulher". O psiquiatra achou que seu paciente estava indo bem porque a maior doença do homem é a mulher e vice-versa. Não existem muitas outras doenças. O psiquiatra mostrou-lhe outro papel. Mullá disse: "A mulher está inteiramente nua". O psiquiatra se sentia satisfeito por descobrir tão facilmente a causa da ansiedade de Mullá. Mostrou-lhe um terceiro papel e perguntou de novo. Mullá respondeu: "Tenho mesmo de responder? Essa mulher está fazendo uma coisa suja!"

O psiquiatra disse: "Agora que descobri o que se passa por sua mente, sua doença é óbvia". Mullá exclamou: "Como? Por minha mente? Mas essas figuras de quem são, suas ou minhas? Quem as fez, você ou eu? Parece que a mente enferma aqui é a sua, pois foi ela que criou essas figuras. Hoje estou com pressa, mas amanhã voltarei... A propósito, você pode me emprestar essas figuras até lá, para que eu me divirta com elas à vontade?".

A vida neste mundo lembra elefantes vistos no céu. O céu não mostra nada, mas nos blocos de nuvens semelhantes a manchas de tinta você pode ver o que quiser. O que você vê não está realmente ali, é apenas uma projeção do que se passa em seu íntimo. É criação de sua própria mente, o

mundo no qual quase todos vivem. Você não conhece o mundo que está além de sua mente, além de sua criação. Só conhece verdadeiramente o mundo aquele que se libertou de todos os pensamentos. Enquanto a mente estiver presente, o criador de fantasias também está, atuando a partir de dentro da pessoa.

Você vê beleza no rosto de alguém; mas acaso ignora que outros veem fealdade no mesmo rosto? Você vê virtude, e só virtude, em uma pessoa; mas ela não pode ter inimigos que só enxerguem seus defeitos? Tudo o que você vê nessa pessoa é projeção de sua própria mente. Ela é apenas um pretexto, como a nuvem no céu. Na verdade, ela é o que é, não podendo viver de acordo com desejos e projeções alheias.

Você se torna infeliz porque supõe verdadeiro aquilo que, pretensamente, satisfará seus desejos. Se isso não acontecer hoje, acontecerá amanhã: a expectativa só lhe causa sofrimento e angústia.

Alguém se aproxima de você sorrindo, diz coisas agradáveis e o elogia: você prontamente decide que ali está uma ótima pessoa. Ela passa a noite ao seu lado, rouba seu dinheiro e desaparece. Você então pensa: "Mas que espécie de homem é esse? Parecia honesto, por que então me roubou? Que foi feito daquele rosto sorridente e daqueles elogios?". Você esperava muito dele e por isso lhe atribuiu certas qualidades; jamais imaginaria que fosse roubá-lo! O fato de roubar ou não é lá com ele, com seu mundo interior.

Você vê um elefante nas nuvens – por quanto tempo ele permanecerá lá? As nuvens, se deslocando, logo parecerão outra coisa e você lamentará a fuga de seu elefante, sentindo-se ludibriado e desapontado. Mas o que o desaponta são suas próprias expectativas. Cada pessoa é o que é. Você atribui uma qualidade a alguém e se sente traído quando suas expectativas não correspondem à realidade. Assim, enquanto tiver uma mente, se sentirá enganado por pessoas, pois projetará nelas qualidades que não existem.

Essa teia tecida por sua mente é o seu mundo onírico. Sua mente é o seu mundo. Ir além dela é ir além dele. A mente é um sonho e ultrapassá-la é ultrapassar o sonho.

Da mesma forma, teus desejos e fantasias resultam do impacto do corpo e dos sentidos; são meras ilusões, como uma corda que parece uma serpente.

Sim, como uma corda estendida no chão e que alguém toma por uma serpente. Não é difícil ver uma serpente numa corda. Um medroso verá cobras por toda parte, a todo instante – e, vendo uma corda, fugirá dela, apressadamente e transpirando. Seu coração pulsará acelerado, suas mãos e pés tremerão. Quando você vê uma serpente numa corda, sente o mesmo medo que sentiria de uma serpente verdadeira; não há diferença. O medo é igual. Mas a corda não gostará nada de seu comportamento e se perguntará que tipo de pessoa é você para fugir dela!

A mente apenas imagina, possui o talento de imaginar. A verdade não pode ser conhecida por meio da mente, que só engendra fantasias. O que quer que você conheça por meio da mente é como uma serpente vista numa corda. Você vê o que não está lá, ouve o que não é dito, é tocado pelo que não existe. Você continua vivendo de ilusões, alimentando-as, criando uma rede de fantasias em volta de si mesmo. Você não mantém nenhum contato com a verdade.

O sábio declara que o *sannyasin* busca aquilo que é, não aquilo que sua mente diz. Ele tem de escolher: se desejar conhecer aquilo que é, deverá renunciar à mente; se der mais importância à mente, só achará uma teia tecida por sua própria imaginação.

Portanto, a meta é realizar o Brahman, a realidade última, que tem milhares de nomes diferentes, como Vishnu e Brahma.

A meta é conhecer a verdade. Somente depois de conhecer aquilo que é, a pessoa se livra do sofrimento e da infelicidade, da ansiedade e da dor. Somente depois de conhecer aquilo que é, a pessoa se torna verdadeiramente livre. Somente depois de conhecer aquilo que é, a pessoa consegue experimentar a verdade e, com ela, a imortalidade. Conhecer o que é significa conhecer o que não morre.

> *A mente apenas imagina,*
> *possui o talento de imaginar.*

O que é, porém, possui vários nomes. Tem de ser assim porque, sem nomear as coisas, sentimo-nos incomodados. Por isso o sábio diz que a meta é conhecer o que se oculta atrás de milhares de nomes. Alguns o chamam de Brahma, outros de Vishnu, outros de Rama, outros de Rahim e outros, finalmente, de Deus. A meta consiste, pois, em conhecer a verdade oculta por milhares de nomes.

De fato, a verdade não tem nome – e por isso podemos chamá-la como quisermos. Convém lembrar: se ela tivesse um nome, não seria chamada por milhares. Mas, como não tem nenhum, pode ser chamada por qualquer um. Entretanto os seres humanos, em diferentes línguas, em diferentes épocas e por meio de diferentes experiências, deram-lhe muitos, muitos nomes. Eles se referem à mesma coisa com palavras diversas.

Isso criou inúmeros problemas; cruzadas saíram a campo por causa de nomes. A insistência fanática em nomes chegou a um ponto tal que ninguém se preocupava com o Um pelo qual lutava. Quem o chamava de Rama brigava com quem o chamava de Rahman. Afiaram-se espadas: os que o chamavam de Alá chacinavam os que o chamavam de Bhagwan. Aqueles que vivem na mente chegam a inventar falsos deuses: passam a ver serpentes em cordas e verdades em nomes.

Um nome é apenas um nome; uma indicação. E as indicações se tornam desnecessárias quando a coisa indicada passa a ser conhecida. Se eu apontar meu dedo para lhe mostrar a lua e você, olhando meu dedo, chamá-lo de lua [...] quantos problemas serão criados! Meu dedo não tem valor algum, o que ele indica é que tem. Esqueça meu dedo e contemple a lua! Infelizmente, as pessoas veem o dedo primeiro e não querem mais ver a lua. Por isso, ficam presas a nomes. Na Índia, os que alcançaram o conhecimento nos advertiram contra o perigo dos nomes, perigo que, no entanto, até hoje passa despercebido.

Os sábios indianos repetiram incansavelmente que a verdade tem centenas de nomes. Podemos lhe dar um nome, sim. Nenhum nome basta, todos são meramente funcionais; mas podem ajudar.

Só por esse motivo os hindus nunca se interessaram por converter ninguém à sua religião. Não existe outro motivo. Se todos os nomes pertencem ao Um, então quem invoca Alá está invocando a mesma verdade buscada por quem o chama de Rama. A verdade indicada no Alcorão é a verdade indicada nos Vedas, portanto é desnecessário tentar convencer alguém que ama o Alcorão a amar os Vedas. Se o Alcorão funciona para ele, isso basta; o trabalho está sendo feito. Se a Bíblia funciona para alguém, isso basta. Atitude mais liberal e tolerante que a do hinduísmo não existe. Mas ela se revelou uma calamidade para os hindus e não poderia ser de outra maneira. Neste mundo sonolento, quando as pessoas adormecidas começam a empregar as palavras das despertas, segue-se o desastre.

Todos os nomes são aplicáveis à verdade. Não há oposição e, assim, não precisa haver atrito. Todos os indicadores são úteis. O sábio diz: chame-o de Brahma, Vishnu ou Shiva, chame-o do que quiser – a meta é uma só. O que deve ser conhecido é eterno, imutável e permanente: era o mesmo ontem, é o mesmo hoje e será o mesmo amanhã. Não é velho nem novo. O que muda pode ser velho ou novo, mas o que é eterno, não. O que não pode envelhecer não pode ser chamado de novo. Apenas é.

Conhecer o que é: eis a única meta. Mas para conhecê-lo, você precisa renunciar às suas ideias e conceitos. Você olha para o mundo com olhos cheios; você tem de olhar para ele com olhos vazios. Você olha para o mundo com a mente cheia de ideias; tem de olhar para ele com a mente vazia de ideias. Você contempla o mundo através da barreira de seus preconceitos.

Se você quiser encontrar realmente aquilo que é – a existência, a verdade – precisará se tornar vazio, silencioso, nu. Toda a roupagem dos conceitos deverá ser despida. Todos os invólucros dos pensamentos deverão ser removidos. Só quem permanece silencioso, livre de pensamentos e vazio consegue experimentar a verdade – a verdade eterna, imutável, constante.

A disciplina é o único caminho.

Disciplina de quê? Da mente. O caminho consiste em disciplinar as atividades da mente, que sempre protege seus preconceitos, em deter seus movimentos e em paralisá-la. Grandes revelações são feitas numa frase curta: A disciplina é o caminho.

O sábio diz que a disciplina da mente geradora de sonhos é o único caminho. O caminho é dissolver a mente aos poucos.

Houve um mestre Zen chamado Lin Chi. Quando procurou pela primeira vez seu próprio mestre, perguntou-lhe: "O que devo fazer com minha mente para conhecer a verdade?".

Ouvindo isso, o mestre riu com gosto e replicou: "Não importa o que faça com sua mente, por meio dela você jamais conhecerá a verdade".

Lin Chi perguntou: "Então nunca vou conhecer a verdade?".

O mestre respondeu: "Eu não disse isso. Você conhecerá a verdade, sim; mas antes, por favor, renuncie à sua mente".

A não mente é meditação. A cessação da mente é meditação.

Não teime em utilizar a mente para coisa alguma, boa ou má. Não lhe empreste nenhuma cor. Não a transforme na mente de um santo ou de um pecador. Ela é incapaz disso porque, qualquer que seja o seu tipo, nunca deixará de fazer projeções. Uma mente boa projetará coisas boas, uma mente má projetará coisas más – mas serão sempre projeções, pois essa é a natureza da mente. Porém, se ela não existir, a rede de fantasias que jaz entre você e a verdade se rompe imediatamente. Então, você descobre quem é.

O que chamo de meditação é a não mente – o repúdio da mente –, de modo que disciplinar a mente é o caminho para a verdade.

Inicie sua jornada aos poucos, com prudência. Diante de uma árvore, esqueça seus preconceitos sobre árvores e veja-a tal qual é. Não permita que sua mente intervenha a fim de interpretar o que é belo; isso seria apenas uma ideia já gasta. Não permita que sua mente considere a árvore feia. Não permita que ela interfira, não permita que ela diga coisa alguma. Mande-a ficar quieta e calma, sem se meter. Veja a árvore sem a mente.

Você está sentado ao sol: a mente dirá que faz muito calor. Ordene que ela se cale. Diga-lhe que quer experimentar o sol diretamente. A mente pode dizer também que é confortável, aconchegante e agradável tomar sol: mande-a calar-se e não intervir. Se fizer isso, perceberá que algo diferente acontece: você experimenta o sol tal qual ele é, sem que a mente precise defini-lo e interpretá-lo.

Todas as definições provêm da mente.

O sábio diz: "Você deverá disciplinar sua mente, dissolvê-la aos poucos. Deverá experimentar o momento em que possa dizer: não há mente". Há consciência, há verdade. Onde não há mente, a verdade e a consciência se encontram. E há bem-aventurança, realização, vivência do eterno.

conhecimento falso e conhecimento verdadeiro

A alma é, ao mesmo tempo, o universal e o individual.
Pela identificação com o corpo,
que não é a alma,
a alma se deixa possuir
pela ideia de que existe um ego dando forma ao corpo.
Essa ideia do ego sujeita
a alma individual, encarnada.
Quando essa ideia desaparece, ocorre a libertação
O que gera a ideia do ego
chama-se avidya, *falso conhecimento.*
E o que faz a ideia do ego desaparecer
chama-se vidya, *conhecimento verdadeiro.*

Sarvasar Upanishad

Há dois métodos, duas maneiras de buscar a compreensão da vida, da existência.

U m é a análise; o outro, a síntese. O primeiro pertence à ciência; o segundo, à religião. A ciência reduz uma coisa à sua unidade mínima e, com isso, acumula conhecimento. Dissecar um objeto em suas partes menores: essa é a maneira pela qual se chega ao conhecimento científico.

O processo da religião é diametralmente oposto. Ela sintetiza as unidades no todo final, junta as partes para obter o conjunto, une o divisível com o indivisível. E só quando tudo é um a religião atinge o conhecimento absoluto.

Suponhamos uma flor: você pode dissecá-la. O cientista faz isso para descobrir, mediante a análise, seus componentes químicos, seus elementos – quantos minerais, quanta água, quantas substâncias químicas ela contém. Dissecando e analisando, consegue catalogar e descrever os componentes da flor. Mas nenhum poeta veria isso com bons olhos; o amante da beleza daria a semelhante procedimento o nome de assassinato porque, no curso da análise, a flor é destruída. O que acabamos por conhecer não é a flor. A análise revelou quando muito suas partes constituintes, mas ela própria é algo mais.

Chegamos a conhecer as partes da flor, analisando-a; a flor em si, porém, continua desconhecida, pois desaparece no curso da dissecção e da análise. A beleza da flor não persistirá nos frascos etiquetados que conterão as partes da flor, depois que o cientista a dissecar. A beleza residia na totalidade da flor, em seu desabrochamento pleno. A beleza não estava nas partes, estava no conjunto.

Suponhamos agora que alguém componha uma canção – será que a conheceremos melhor dissecando-a? Um linguista,

convidado a explicar a canção, dirá como ela foi escrita, que palavras foram usadas, que regras gramaticais foram aplicadas – mas a canção se perderá porque não estava na gramática. Uma canção, quando entendida profundamente, não é apenas a soma total das palavras. É bem mais do que isso. E esse "mais" desapareceu.

Portanto, a ciência busca a unidade mais sutil, a partícula final, mas priva-se do todo – priva-se do sagrado. Segundo a religião, o que emerge da unidade orgânica do todo é o sagrado. Esses dois tipos de conhecimento são inteiramente diversos, na verdade opostos. Mas são os únicos possíveis.

A análise nunca nos levou além da matéria – e nunca nos levará. Isso é impossível. Nada mais fútil que esperar ver a ciência, um dia, reconhecer a existência de Deus. Um cientista pode falar sobre a existência de algo divino; mas essa não é uma declaração da ciência.

Einstein, em seus últimos dias, começou a fazer experiências com o divino; mas esse é o comportamento de um cientista, não da ciência. Seria mais ou menos assim: um cientista se apaixona por uma mulher e afirma que ela é a mais bela do mundo.

Essa não é uma afirmação da ciência e sim do cientista. Um cientista pode admirar beatificamente uma flor e até dançar em êxtase diante dela; mas essa não é a dança da ciência, é a dança do cientista.

Os religiosos, porém, acham que, pelo fato de alguns cientistas às vezes admitirem a existência de Deus – como Eddington, Oliver Lodge ou Einstein –, essa é a postura da ciência. Grande erro. Essas são posturas individuais, pessoais, que nada têm a ver com a ciência. A ciência nunca poderá falar sobre Deus, sobre a realidade última, porque os métodos que emprega levam à divisão. Não levam à síntese, ao todo. Seria caso diferente se, um belo dia, a ciência adotasse os métodos da religião e discorresse sobre o divino – mas então deixaria de ser ciência para se tornar religião.

A resposta do sábio começa assim:

A alma é, ao mesmo tempo, o universal e o individual.

Os Upanishads chamam de alma a capacidade de percepção, a consciência, o conhecedor que está no íntimo do homem, o observador, a testemunha.

Mas essa frase é muito estranha. Quer dizer o seguinte: "A alma, o eu é Deus. Não

há outro Deus senão esse eu". O eu individual está dentro de nós e o eu universal é o nome para a totalidade da existência.

Você observa uma gota de água. Se perguntar a um cientista: "O que é o oceano?", ele responderá: "O oceano é apenas a soma total de muitas gotas". E não estará errado. Se você dividir o oceano, o que obterá a não ser gotas? Mas, realmente, o oceano são apenas gotas? Tempestades e ondas não podem surgir de uma gota. O oceano é bem mais que gotas de água. Mas a ciência replicará: "Onde está o oceano? Se retirarmos todas as gotas de água, ele desaparecerá". E não estará errada.

Se você amputar minhas mãos e pés, decepar minha cabeça e todos os meus membros [...] o que restará de mim? No entanto, sou mais que minhas mãos e pés; mesmo se forem cortados, continuarei consciente de que continuo ali, de que não sou eu que está sendo eliminado. Até se deceparem minha cabeça posso permanecer consciente – não apenas outros a verão cortar como eu mesmo verei isso.

Quando executavam Mansoor, amputando-lhe os membros um a um, ele ria.

O cientista reduz o oceano a uma gota; o religioso encontra na gota o oceano.

Alguém na multidão gritou: "Ficou louco, Mansoor? Matam-no e você ainda ri?".

Mansoor respondeu: "Antes eu era louco. Até a picada de um espinho me fazia gritar. Mas agora não sou mais porque, do mesmo modo que vocês estão vendo minha cabeça ser cortada, eu a vejo também. Vocês veem de fora, eu de dentro. Mas somos todos observadores, testemunhas. Vocês olham do exterior, eu do interior".

Se perguntarmos a um religioso o que é uma gota, ele responderá: "É o próprio oceano".

O cientista reduz o oceano a uma gota; o religioso encontra na gota o oceano. Essa diferença não é pequena; chega mesmo a ser revolucionária. A ciência reduz tudo ao mínimo, a religião amplia tudo ao máximo...

Não estou fazendo um mero jogo de palavras, sobre o qual você possa dizer: "Que diferença há entre afirmar que uma gota é o oceano e que o oceano é uma gota?". Há uma grande diferença porque a ciência analisa e, em seguida, aceita o mínimo denominador comum como base de toda vida. Depois que um homem é dissecado, só o que se pode encontrar é a matéria – ossos, carne – mas não a alma. Por isso, a ciência pontifica: "Não existe alma, o homem é apenas uma combinação de ossos, carne e medula – essa é a soma total. Não existe nada mais".

A religião afirma que o maior não pode ser entendido por meio do menor, mas que o oposto é possível. O oceano não pode ser entendido por meio das gotas, mas as gotas podem ser entendidas por meio do oceano: o menor pode ser entendido por meio do maior, mas o maior não pode ser

Qual a diferença entre a alma individual e o divino? Para o sábio, não há diferença alguma, como não há entre o oceano e a gota.

entendido por meio do menor. Há razões para tanto. Se você captar bem esse conceito, captará a linguagem dos Upanishads.

Um idoso não pode ser entendido por meio de uma criança, mas uma criança pode ser entendida por meio de um idoso, pois este viveu as duas fases. Uma criança é apenas uma criança, ainda não envelheceu. Por meio do oceano podemos entender tanto o oceano quanto a gota, mas por meio da gota não podemos entender o oceano. Por meio da matéria explicamos unicamente o corpo; por meio do divino explicamos ao mesmo tempo o corpo e a alma. O vasto universo contém a molécula; a molécula, porém, não é capaz de conter o universo. Por meio do universo, tudo se explica; por meio do infinitesimal não se explica o universo.

Entenda-se o seguinte: a ciência sempre enfatiza o primeiro e a religião, o último. A ciência contempla o primeiro passo e a religião, o destino final – porque, segundo ela, se não houver destino, o primeiro passo não pode ser explicado. Como chamá-lo de primeiro se não existe o último? O primeiro passo existe porque o último o está aguardando no futuro.

Portanto, conseguiremos explicar o primeiro passo por meio do destino; mas não conseguiremos explicar o destino se dissermos que o primeiro passo é tudo. Não conseguiremos explicar sequer o primeiro passo. Os meios podem ser explicados tendo-se em vista os fins; mas os fins não podem ser explicados tendo-se em vista os meios. Consequentemente, a gota não absorve o oceano, mas o oceano absorve a gota.

O sábio diz:

A alma é, ao mesmo tempo, o universal e o individual.

Empregaram-se aí duas expressões: alma universal (a consciência pura, o divino) e alma individual (o eu).

Qual a diferença entre a alma individual e o divino? Para o sábio, não há diferença alguma, como não há entre o oceano e a gota. A gota também é o oceano, contém tudo o que existe no oceano. Só uma coisa devemos lembrar: o oceano não é apenas a soma total das gotas. O divino mora no interior da pessoa e por isso o chamamos de alma individual.

É como o sol se erguendo no céu e banhando nosso quintal com seus raios. Não há diferença entre os raios no céu e os raios no quintal, mas estes têm limites: os muros que cercam o quintal e lhes impõem barreiras.

A alma universal que habita dentro de limites se chama alma individual. Mas os raios do sol em nosso quintal têm limites ou esses limites pertencem ao nosso quintal? Os muros criam obstáculo aos raios? Os muros cercam o quintal, mas podem cercar os raios? Se a luz solar em nosso quintal alimentar a ilusão de que tem limites, de que se encontra em sujeição, será chamada de ego dos raios.

A alma universal encerrada nos limites do corpo recebe o nome de alma individual. Mas quando a alma individual nutre a ilusão de que é o próprio corpo, seu nome é ego. Não há diferença: mesmo nutrindo a ilusão de que estão aprisionados no quintal, os raios na verdade não estão. Raios não podem ser contidos; essa é a sua natureza. Você não consegue apanhá-los com a mão. A natureza deles é não ter limites – essa é a sua verdadeira liberdade, a sua própria vida. Os muros não estão ali por causa dos raios e sim por causa do quintal, mas ainda assim a ilusão é criada. A ilusão prende a alma individual por meio do ego. Quando a ilusão se desvanece, a alma individual se torna alma universal, o todo. É dessa perspectiva ampla que a religião contempla a totalidade da vida.

É muito útil, para quem busca a verdade, evocar essa linha de pensamento porque sua jornada também começa no pátio – dos muros do pátio para os raios e dos raios para o sol.

A alma é, ao mesmo tempo, o universal e o individual.
Pela identificação com o corpo,
que não é a alma,
a alma se deixa possuir
pela ideia de que existe um ego dando forma ao corpo.

Ego é identificação: a ilusão de sermos o que não somos. Os raios no quintal supõem-se definidos pelo quintal, identificam-se com ele: a essa identificação chamamos ego.

Essa ideia do ego sujeita
a alma individual, encarnada.
Quando essa ideia desaparece, ocorre a libertação.
O que gera a ideia do ego
chama-se avidya, *falso conhecimento.*
e o que faz a ideia do ego desaparecer
chama-se vidya, *o conhecimento verdadeiro.*

O que cria o ego chama-se *avidya*, conhecimento falso. O método, o caminho, o processo que cria o ego chama-se *avidya*. E o método ou caminho que leva à cessação do ego, que desintegra o ego, que dissolve o ego, que seca o ego, chama-se *vidya*, conhecimento verdadeiro.

Todos vivemos em *avidya* porque insistimos em criar o ego. Se ganhamos dinheiro, fazemo-lo apenas para sustentar o ego; se acumulamos conhecimento, fazemo-lo apenas para preencher o ego. E quando encetamos a longa jornada rumo ao prestígio e à posição, subindo passo a passo até a capital e o trono, o que nos espera ali? Não somos nós que ficamos famosos no trono, mas sim o ego; não é nossa cabeça que é coroada e sim a do ego.

Só o que ganhamos é o ego. O processo de nossa vida inteira consiste em nos tornarmos alguma coisa, em ultrapassarmos os outros egos para chegar na frente. Corrida sem sentido! Mas que é disputada durante toda a nossa existência, do berço ao túmulo: corrida de inveja, rivalidade e disputa.

O que é inveja? O que é rivalidade? O que é disputa? Qual a natureza dessas competições e por que existem? A motivação básica não é ficar para trás, permanecer insignificante, continuar pobre: o ego anseia, isso sim, por brilhar, por ser coroado, enaltecido, coberto de pedras preciosas. Ele não aceita ser nada, quer ser alguma coisa. Do menor ao maior, todos se empenham nessa corrida. E ela é tão estranha que, mesmo quando disputada às vezes em sentido inverso, a motivação básica persiste. Um homem acumula dinheiro para chegar ao topo, ao auge da riqueza, ao Everest da prosperidade. Outro renuncia ao que possui, vai para a selva e se torna um asceta – isso não impede que continue sendo fútil e passe a juntar as recompensas de seu ascetismo em vez de moedas comuns. O ego continua presente: agora ninguém é tão puro quanto ele, agora não há comparação entre ele e o resto do mundo. O ego pode até mesmo se alimentar com a busca do divino. Ele pode até mesmo discorrer sobre o divino para provar que não está mais envolvido com preocupações corriqueiras, que já se aproximou de Deus!

Se o processo de ganhar o ego é *avidya*, estamos todos vivendo em *avidya*. E se entendermos bem o sábio, aquilo que chamamos de aprendizado, escolas, colégios e universidades, centros de saber, são todos lugares de falso conhecimento. Contrariam o verdadeiro espírito da universidade porque só ensinam a arte de preencher o ego. Ali, a educação consiste inteiramente em criar o ego, em despertar a ambição. O pai exige do filho que tire as melhores notas da turma e não fique para trás. E se ele fica, o pai se sente infeliz. Se o filho é o primeiro da classe, o pai também se sente o primeiro.

Todos precisam participar da corrida; não há outro jogo. Se isso é *avidya*, conhe-cimento falso, então nossa vida inteira é *avidya*. Então não sabemos nada de *vidya*, o conhecimento verdadeiro. Com efeito, segundo o sábio, o conhecimento verdadeiro é o processo, o método que dissolve o ego, seca o ego – até o momento em que ele deixa de existir e só permanece a alma, só resta o ser.

Você pode chamá-lo de *vidya*, religião, yoga, meditação, prece, culto; o nome não importa – milhares de nomes já lhe foram dados – mas a essência de *vidya* é uma só: ela deve criar um estado interior em que você permanece, não o ego, em que há uma consciência, mas não um centro que se proclama "eu".

Você pode se desprender do "eu" graças a qualquer método ou processo. Esse desprendimento não significa adormecer ou esquecer-se de si mesmo; significa estar plenamente desperto, totalmente consciente de si mesmo, embora o "eu" já não exista. Só deve restar aquilo que não tem vínculo algum com o "eu".

Certa manhã, alguém apareceu e prostrou-se aos pés de Buda. Um cético, que se achava ao lado do mestre, perguntou-lhe: "Por que não impede que esse homem lhe toque os pés? Você mesmo nos ensinou que não devemos nos refugiar em ninguém, mas buscar cada qual o próprio ser. Esse aí veio em busca de refúgio e você não o repeliu".

Buda respondeu: "Se eu estivesse aqui, sem dúvida o repeliria". E continuou: "E se eu estivesse aqui, impedi-lo de tocar meus pés ou inspirá-lo a fazer isso seria a mesma coisa. Entretanto, o homem que poderia detê-lo ou incitá-lo não existe mais. Você

> *Se olharmos bem para nós mesmos, descobriremos que vivemos mergulhados numa espécie de sono.*

viu o homem prostrar-se e eu também. Mas há uma ligeira diferença entre nós. Você o viu prostrar-se diante de mim, ao passo que eu me perguntei diante de quem ele estava se prostrando. Não vejo ninguém aqui! A quem ele fez a reverência?".

O sábio dá o nome de *vidya*, conhecimento verdadeiro, ao método que permite à pessoa gozar esse momento na vida. O que chamo de meditação é apenas a ciência da religião. Sempre que digo meditação, refiro-me a *vidya*.

Todos vivemos na inconsciência, como que adormecidos. Talvez você já tenha visto uma pessoa hipnotizada ou um sonâmbulo; há muitas pessoas com esse problema. Deve haver algumas perto de você, pois pelo menos sete em cada cem andam dormindo. Todavia, o sonâmbulo nunca tem consciência do que acontece: depois de dar alguns poucos passos, volta para a cama. Caminha de olhos abertos. Houve até quem assassinasse durante o sono e na manhã seguinte não se lembrasse de nada; só podia dizer que havia tido um pesadelo no qual matava alguém. Pessoas roubam nesse estado, mas não são consideradas culpadas porque tudo acontece enquanto estão dormindo. Mas isso se refere apenas aos sonâmbulos.

Se olharmos bem para nós mesmos, descobriremos que vivemos mergulhados numa espécie de sono. Você nunca tem consciência do que faz, sua consciência está longe. Quando caminha pela rua, você percebe que está caminhando? Sua consciência pode estar em qualquer parte, menos no ato de caminhar. Quando come, você percebe que está comendo? Sua consciência pode estar em qualquer parte, menos no ato de comer. Sem dúvida, sua consciência se volta também para o alimento, mas isso só acontece quando você não está comendo.

Nossa consciência nunca está onde estamos. Mas então o que resta quando não há consciência? O sono e todas as perturbações que nele ocorrem. Lembra-se de quando ficou furioso com alguém? Onde estava sua consciência? Se ela estivesse com você, a fúria teria sido impossível. Consciência e fúria não podem coexistir. A fúria é impossível quando a consciência está presente. A fúria precisa de sono, de intoxicação.

É por isso que a pessoa fica arrependida depois de um acesso de cólera; surpreende-se por ter feito tal coisa – e para quê? Qual o sentido dessa reação? No entanto, ela mesma é que se enraiveceu – não foi a primeira vez que ficou com raiva nem que sentiu arrependimento. Sentiu-o muitas vezes porque se enraiveceu outras tantas, sempre se perguntando depois por que perdeu o controle, qual foi o motivo. Por que fez isso se não havia motivo algum? Ela não estava lúcida, não estava presente; só voltou para casa depois que a cólera desapareceu. Achava-se longe quando a

conhecimento falso e conhecimento verdadeiro   51

cólera a dominou e, ao regressar, sentiu-se arrependida. Mas era tarde para se arrepender; não havia sentido nisso, de nada valeu o arrependimento.

Há certas coisas que não podem ser feitas conscientemente. O que os sábios chamaram de pecado é uma delas. Eis a definição de pecado: aquilo que não se pode fazer com consciência. O que se pode fazer com consciência recebe o nome de virtude. Você não pode roubar conscientemente, matar conscientemente, enfurecer-se conscientemente; mas pode, conscientemente, ter compaixão e amar. O que é possível fazer com consciência é religião, é virtude. O que não é possível fazer com consciência, o que exige sono e entorpecimento, é pecado.

Portanto, não vivemos conscientemente. Às vezes, quando nos sentamos para meditar, sentimos sono – mesmo nessas horas! E, não raro, nosso sono é então ainda mais profundo! Isso se dá porque não temos experiência do estado consciente. Andamos, sentamo-nos, ficamos de pé durante o sono: estamos acostumados a dormir.

Repito: fazemos tudo inconscientemente, mergulhados numa espécie de torpor.

Li a biografia de um homem que gaguejava. Os psicólogos analisaram o problema por anos, mas mesmo depois dos maiores esforços e de milhares de dólares gastos no tratamento, a gagueira persistiu. Ele era filho de um homem muito rico, o que não ajudou a curá-lo. Deram-lhe remédios, tentaram de tudo – e a gagueira não desaparecia. Então ocorreu um fato interessante. Uma peça estava sendo encenada na cidade e o grupo precisava de alguém capaz de simular gagueira; o ator que fazia o papel caíra doente e não poderia se apresentar. Então os produtores ouviram falar daquele rapaz da cidade, que gaguejaria tão bem quanto o ator. Chamaram-no. O papel era pequeno e o rapaz vinha a propósito – treinar outro seria uma tarefa difícil. Puseram-no no palco [...] e o milagre dos milagres aconteceu naquele dia: o rapaz não conseguia gaguejar em cena. Esforçou-se ao máximo, mas nada. O que havia acontecido?

Numa cidade que visitei, um estudante universitário me procurou. Ele tinha desenvolvido o estranho hábito de andar como uma mulher. Havia tentado de tudo, mas não conseguia se desvencilhar daqueles modos: de repente, na rua, surpreendia-se andando como uma mulher. Não há nada de errado em andar como uma mulher – pois as mulheres também andam – mas ele tinha problemas com isso e se sentia envergonhado.

Sucede que a distribuição dos músculos nos corpos do homem e da mulher é diferente. Certas partes são mais volumosas na mulher que no homem, de modo que a diferença no porte é natural – uma diferença de volume muscular. Ele, porém, não tinha acúmulos de carne que o fizessem andar como uma mulher (às vezes, andava como homem). Só andava como mulher de vez em quando. Seu problema era sério.

Recomendei-lhe: "Tente andar conscientemente como uma mulher".

Ele se surpreendeu: "Mas o que está dizendo!? Já sofro por andar assim sem perceber e você quer que eu ande percebendo? Tento evitar isso o tempo todo, mas, quando me distraio, começo a andar como uma mulher".

Expliquei-lhe: "Você tentou evitá-lo conscientemente, sem resultado; agora o aconselho a, conscientemente, não evitá-lo. Vamos, levante-se e ande como uma mulher para que eu veja".

O rapaz tentou de todos os modos, mas não conseguiu. Disse por fim: "O que aconteceu comigo? Você deve ter realizado um milagre!".

Pedi-lhe: "Não conte nada a ninguém porque não fui eu quem fez isso. Você é que realizou o milagre sem saber".

Algumas coisas não podem ser feitas conscientemente, com pleno conhecimento. E outras se depositam por si mesmas na consciência.

A meditação é o método de *vidya*. É impossível perceber o ego com a consciência. Tente percebê-lo assim e compreenderá o que eu estou dizendo.

Gurdjieff costumava pregar uma peça em seus discípulos. Colocava-os numa situação em que não percebiam estar sendo deliberadamente levados a encolerizar-se. Ele criava a situação ou fazia alguma coisa que deixava o discípulo tão aborrecido ou fora de si a ponto de começar a gritar, insultar e perder as estribeiras – tudo era planejado e todos sabiam que se tratava de um jogo, menos a vítima.

Quando esta não aguentava mais de tanta raiva e dispunha-se a ir embora com todos os seus pertences, Gurdjieff advertia: "Olhe lá o que vai fazer!" De repente, o discípulo caía em si e se acalmava. "Essa foi demais!", dizia, rindo. "Então tudo não passou de uma brincadeira!"

Gurdjieff procurava despertar o ego e, quando o conseguia, gritava no momento certo: "Procure o ego em seu interior!". O discípulo que fora tomado pelo ego cerrava os olhos, olhava para seu próprio íntimo e sentava-se em silêncio [...] até reabrir os olhos e murmurar: "Não, ele não está aqui. Procurei-o, mas não o achei em parte alguma".

Quem, então, suscitava tamanho alvoroço? Grandes tormentas podem nascer da vaidade. Pode haver tempestades até em copos de água! Grandes temporais podem surgir do insubstancial.

Vidya é o experimento a ser feito para repudiar as formas falsas e sem sentido que criamos dentro de nós mesmos.

> " *A meditação é o método de vidya.* "

essa energia se chama maya

O que não tem começo, mas termina,

está presente tanto no visto quanto no não visto,

não é real, nem irreal, nem real-irreal,

e parece superiormente puro, superiormente impoluto –

essa energia se chama Maya, ilusão.

Não pode ser descrita de nenhuma outra maneira.

Ilusão é ignorância,

não tem significado e é falsa.

Entretanto, aos olhos dos iludidos,

ela é real nos três estados do tempo:

passado, presente e futuro.

Portanto, sua verdadeira natureza não pode ser explicada

dizendo-se: "Ela é isto..."

Sarvasar Upanishad

Agora investigaremos maya. Por maya, entende-se algo que é e não é, que só parece ser – a aparência.

As coisas não são tais quais as vemos. Immanuel Kant diz em algum lugar que é impossível conhecer a coisa em si; em si mesma, uma coisa não pode ser conhecida. Tudo o que captamos dela é uma projeção, uma atribuição: nós lhe atribuímos determinadas qualidades. Quando você se apaixona por alguém, isso é uma projeção. Você atribui algo à criatura amada, você lhe dá algo e fica impressionado pelo que você próprio deu. Isso é *maya*.

Estamos sempre criando ilusões à nossa volta. E sonhos. O real – aquilo que é – acaba sendo tragado por nossos sonhos e projeções. Essa força que cria ilusões em volta de nós é *maya*. Essa magia, esse poder da mente gera coisas insubstanciais ou lhes empresta qualidades que não existem. E vivemos nesse mundo, nesse mundo criado. Sem dúvida, só o que pode vir daí é a desilusão. Talvez leve tempo, mas ela vem; no momento em que a realidade se impõe, o sonho se desvanece.

Além disso, nós nos ajudamos uns aos outros a engendrar sonhos. Duas pessoas se enamoram e se estimulam a sonhar; ambas exibem qualidades e aspectos que não são reais – máscaras, disfarces. Ajudam-se mutuamente a enganar-se. Tudo o que é bonito vem à tona, tudo o que é feio se esconde. O que é admirável aparece, o que não é admirável vai para o inconsciente e deixa em sua esteira uma imagem falsa. Isso ocorre porque, na verdade, ninguém pode amar se não pode odiar; e, quando alguém ama, há toda possibilidade de que seu ódio venha a ser tão intenso quanto seu amor. Os dois existem simultaneamente, são parte de um mesmo fenômeno.

Você não consegue amar se não consegue odiar; as duas coisas são uma energia única. Porém, a parte que odeia é reprimida no inconsciente e a parte que ama sobe à superfície. Ambas mantêm a parte que ama por cima e submergem a outra, que no entanto é inevitável e não pode ser negada para sempre. Os amantes criam sonhos para si mesmos e, por causa desses sonhos, se apaixonam.

Mas por quanto tempo se pode continuar nesse caminho? A parte negada se imporá; terá sua vingança, explodirá. Quanto mais reprimida for, mais perigosa será sua explosão. Você consegue usar máscaras quando não está tão próximo nem é tão íntimo. Mas no momento em que a intimidade se estabelece e o amor exige: "Agora fique aqui, agora venha morar nesta casa, agora se case, agora não podemos mais viver separados...", isso se torna impossível. A exigência: "Agora não podemos mais viver separados" gera a situação em que a parte reprimida cobrará um dia sua vingança. Ela reaparecerá, ela começará a se impor. Quando isso acontece, o sonho se vai.

Começamos então a pensar: "Essa criatura é puro ódio". Primeiro, achávamos que ela era puro amor e agora caímos numa segunda armadilha: a pessoa se torna puro ódio, puro veneno. Também essa é uma projeção, a parte reprimida está sendo projetada. E, assim, continuamos vivendo de projeções.

Tal é o poder de *maya*, a magia interior de nossa mente. Ela projeta e cria desilusões para si própria. Cria sonhos e acredita neles. Tem a capacidade de acreditar no que cria! Mas quando esses sonhos se desvanecem, não quer dizer que você tenha enfim compreendido a falácia do jogo. Mal um sonho termina, você começa a criar outro. O fim de um sonho não é o fim de *maya*.

O *rishi* diz que *maya* é um talento natural para a auto-hipnose. Esta pode engendrar coisas fantasiosas e esconder coisas reais. E aquele que procura a verdade, o real, precisa entender isso, sentir isso profundamente. O poder de *maya* tem de ser sentido a fundo porque é a nossa servidão, a nossa ignorância, a nossa insanidade, o nosso sofrimento: cria sonhos e depois frustrações, cria ilusões e depois desenganos. E nós persistimos; vida após vida, repetimos tudo e esse poder se eterniza.

Mas nunca nos achamos responsáveis pela decepção; o outro, a situação ou o objeto é que é responsável. Recriamos a ilusão e de novo não temos culpa; a culpa é do outro, do objeto, do amante, do mundo. Isso acontece porque o projetor está dentro de nós. Nunca tomamos consciência dele, só percebemos a cena projetada, o fenômeno projetado. Tal como numa sala de cinema, o projetor está lá atrás; ninguém se vira para olhá-lo. Todos miram a tela, onde veem imagens projetadas. O real, o poder permanece atrás de nós; o filme, a capacidade de projetar permanecem às nossas costas – mas ninguém olha para o projetor, olha apenas para a tela.

O mundo todo é uma tela; toda concretude é uma tela, dentro da qual está o projetor. Projetamos imagens na tela do mundo e julgamos que são reais. Acreditamos em tudo o que vemos na tela. Isso é *maya*, a capacidade de projetar imagens na tela do mundo. Se você interrompe a projeção, o mundo inteiro se apaga, desaparece. E quando o mundo desaparece juntamente com *maya* – com o mecanismo de projeção – quando a tela volta a ser apenas uma superfície sem imagens, você se vê face a face com Brahman.

Brahman é a tela. Mas nunca a vemos porque está sempre coberta por um fluxo contínuo de imagens. Uma imagem se segue a outra, uma imagem é substituída por outra. Há espaços entre elas, mas estamos tão atentos às imagens que esses espaços nunca são percebidos. Comece a projetar em câmera lenta, desacelere seu mecanismo de projeção. Às vezes isso acontece no cinema, por causa de algum problema mecânico. Então, as imagens passam lentamente e você consegue perceber os espaços. Uma imagem vai, outra vem e, de repente, um branco entre elas: a tela é vista.

Pela meditação, tentamos desacelerar o mecanismo de projeção. Se o mecanismo é desacelerado, você, por uma fração de segundo, vislumbra o espaço, a tela sem imagens. De súbito, você percebe que tem vivido de sonhos de sua própria criação e que seu conhecimento do mundo não é o mundo real: é o seu mundo.

O título da autobiografia de Pearl Buck é *My Several Worlds* [Meus Muitos Mundos]. Bom título. Todos vivemos em muitos mundos, em muitos sonhos, em muitas projeções. E podemos continuar assim para sempre. Por isso, os momentos de dor às vezes se transformam em momentos de bênção, pois criam uma situação em que, de repente, o mecanismo deixa de funcionar, apresenta defeito – e você vê o espaço entre as imagens.

Um ente querido morreu. Há um espaço em branco repentino, você não consegue no momento projetar; o ente querido morreu, você não pode projetar mais nada nele. Você precisará de algum tempo para encontrar outro objeto no qual consiga projetar o mesmo sonho; enquanto isso, há o espaço. Assim, muitas vezes, a morte, o sofrimento profundo, a doença e o perigo súbito emperram o mecanismo – e você percebe o espaço.

> *Só há sabedoria quando não há esse tipo de ignorância, quando cessa a energia positiva criadora de ilusões.*

Mas somos astutos. Somos tão astutos que fechamos os olhos. Quando surge um espaço, apressamo-nos a fechar os olhos. Alguém morreu e você chora; as lágrimas se tornam a projeção de um fenômeno e você não vê mais o espaço. O espaço está ali, alguém morreu; se você tomar consciência do fato, notará que o objeto desapareceu e que seus sonhos evoluem no vazio – não conseguem encontrar um objeto! Se, nesse instante, você tomar consciência do fato, conseguirá vislumbrar o espaço, a tela – não o seu mundo.

Oh, sim, a mente é astuta! No instante em que se abre um espaço súbito, nossos olhos se enchem de algo mais. De novo, não somos mais capazes de perceber o intervalo. Soluçamos e choramos, e continuaremos assim até descobrir outro objeto – para outra vez rir, viver, recriar antigas ilusões.

Buda recomenda que, diante da morte, meditemos sobre a morte. Essa é a hora. Havendo sofrimento, meditemos sobre o sofrimento. Havendo desilusão, meditemos sobre a desilusão. Essa é a hora! Não a perca com nada que o desvie do intervalo.

Esse mecanismo, essa capacidade, esse poder de criar ilusões é *maya*, algo de muito presente e muito real porque funciona. Muito real e muito presente porque funciona e nós estamos dentro dele. Essa auto-hipnose precisa ser interrompida, do contrário jamais ficaremos face a face com a realidade. E se não ficarmos face a face com ela, se não encararmos o real, não existiremos.

Você só consegue sonhar quando está dormindo e só consegue projetar quando está imerso na ignorância. Portanto, ignorância significa sono espiritual, sonambulismo espiritual. Você não consegue destruí-la aprendendo cada vez mais, obtendo informações ou acumulando conhecimentos, pois ignorância não é ausência de saber. É uma capacidade positiva própria, não uma carência de informação e conhecimento. Assim, um homem pode ser muito erudito, mas viver na ilusão, no sono hipnótico, no torpor.

Essa é a diferença entre conhecimento e sabedoria. A sabedoria surge quando não há ignorância – ignorância concebida como a força positiva de *maya*, não como a mera ausência de saber e de informação, ou seja, não como carência. Só há sabedoria quando não há esse tipo de ignorância, quando cessa a energia positiva criadora de ilusões.

O conhecimento que é ignorância continua presente, mas escondido, oculto na informação. Você pode escondê-lo, cobri-lo, criar o falso senso de saber sem saber nada. Escrituras podem ajudar, mestres podem ajudar, religiões podem ajudar, sistemas filosóficos podem ajudar a criar um falso senso de saber. Só a meditação não pode. Tudo pode ajudar a engendrar sonhos, mas não a meditação, que destrói a estrutura total da ignorância e do chamado conhecimento. Quando isso acontece, há uma súbita eclosão de sabedoria e você se vê face a face com o real.

A meditação é uma técnica que destrói outra técnica natural: a auto-hipnose, *maya*. Só a meditação pode destruir *maya* porque interrompe o mecanismo de projeção. Esse mecanismo, quando você se aprofunda o bastante, para completamente. Então, tudo muda; você se transforma e entra num mundo novo, adquirindo uma nova consciência. Essa consciência é Brahman.

Nossa condição atual é *maya*. Mas, se usarmos toda a nossa potencialidade, será Brahman. A semente de Brahman, semente da consciência suprema, está envolta em ignorância, em *maya*.

Portanto, use a meditação como uma técnica de desipnose. *Maya* é hipnose; meditação é desipnose. Sem dúvida, parece hipnose porque volta pelo mesmo caminho por onde você foi. Refaz seus passos e por isso parece hipnose. E de certa maneira é mesmo hipnose, só que numa direção diferente. Na hipnose, projetamos coisas; na desipnose, retomamos as projeções, trazemo-las de volta, devolvemos a rede de projeções ao projetor. Parece a mesma coisa, mas em outra direção. Na hipnose, afastamo-nos de nós; na desipnose, regressamos a nós – sempre pelo mesmo caminho.

Portanto, meditação é desipnose, a técnica para nos desipnotizarmos de uma hipnose natural, de uma força natural chamada *maya*.

pertencemos
ao todo

AUM.

Possam os diversos membros de meu corpo – minha voz, meu nariz, meus olhos, meus ouvidos, minha força e todos os outros órgãos sensoriais – ser nutridos e adquirir inteligência.

Todos os Upanishads são manifestações do próprio Brahman.

Que eu nunca negue Brahman; que Brahman nunca me negue.

Possa o dharma descrito nos Upanishads ser meu, pois sou um devoto de Brahman.

AUM, paz, paz, paz.

Kaivalya Upanishad

O Kaivalya Upanishad é uma investigação da liberdade absoluta, um esforço para deslindar o segredo da solidão total sem nos sentirmos sós.

Os homens podem estar sós quando não há ninguém por perto. No entanto, porém, a multidão ausente continua presente na solidão. No entanto, podemos estar sós e tão realizados, tão inteiramente nós mesmos que o outro não é sentido sequer como ausência. O outro não existe. Quando o outro se dissolve inteiramente, absolutamente, você se torna livre.

Por liberdade, os Upanishads não entendem uma situação política, uma situação social, nem mesmo uma situação psicológica; por liberdade total, entendem uma liberdade espiritual, básica, absoluta. A pessoa se realiza a tal ponto que o universo inteiro é sentido, não como um outro, mas como ela própria. Sim, temos de nos aprofundar nisso. Sentimos o outro porque não estamos realizados. Sentimos o outro como "o outro" porque ainda não nos realizamos. Quando isso acontecer, o outro desaparecerá. Numa mente realizada, não há lugar para o outro.

Numa mente totalmente realizada, o universo e você se tornam uma coisa só.

A busca é esta: como ser um com a totalidade do universo. E se é possível ser um com a totalidade do universo, então podemos ficar sós sem a sensação da solidão. Esse fenômeno é conhecido como *kaivalya*, a solidão sem a sensação de estar só.

Os Upanishads se ocupam da solidão absoluta, que Plotino chamava de "fuga do só para o só". Fuga: é o que Plotino quer dizer. Fuga.

A fuga, porém, começa pela prece. Nada de religioso pode começar sem a prece. Realmente, tudo o que começa pela prece é religioso, pois uma mente que se entrega à prece pode ser definida de várias maneiras. Muita coisa está implícita na atitude de prece. Por exemplo: o homem não é suficiente; o homem não é suficiente – sozinho, não é suficiente. Sozinho é indefeso, sozinho não pode empreender a fuga; precisa do apoio divino.

O apoio do todo, do total é imprescindível. A menos que o todo apoie o homem, o homem não consegue ir em frente [...] pois não está separado do todo. Pertencemos a ele como uma parte orgânica, não como uma parte mecânica.

Uma parte mecânica pode ser retirada do todo, mas não uma parte orgânica. Meus olhos são partes minhas, organicamente uma coisa só comigo. Se forem arrancados, deixarão de ser olhos, pois só são olhos quando enxergo através deles. Meus olhos, fora de mim, são coisas mortas. Até chamá-los de olhos é errado, já que não se pode chamar de olhos aquilo que não enxerga. Meus olhos só enxergam quando são uma só coisa comigo.

Unidade orgânica é isto: partes não são partes; não podem ser isoladas, portanto não são partes. Numa unidade orgânica, a parte se comporta como o todo. Numa unidade mecânica, a parte se comporta como parte.

Se você arranca meus olhos, eles deixam de ser olhos. E não apenas isso: não serei mais vidente, pois como poderei ser vidente sem olhos? Olhos arrancados são olhos mortos e sem olhos eu serei um vidente morto. Os olhos e eu existimos numa unidade orgânica. Eles não são partes minhas, eles sou eu. Não sou algo sem meus olhos, sou meus olhos.

Eis o que entendo por unidade orgânica. O homem existe nessa totalidade como uma unidade orgânica – e por isso a prece é importante. Prece significa apenas: "Sozinho, separado, não sou nada, sou indefeso. Não posso nem mesmo me mover. Não posso nem mesmo ser. Ajude-me!". O total é invocado por intermédio da prece. Ela invoca o total, o todo, a unidade integra. "Ajude-me, só assim conseguirei ir em frente, só assim esta busca se tornará possível". Prece é isto: um pedido de ajuda ao todo.

A prece implica também a futilidade da busca, caso o todo não a deseje; se o todo não ajudar, a busca não é sequer desejável. Portanto, a primeira condição é que o todo esteja comigo. Se o todo não estiver comigo, meus esforços serão vãos – e não apenas vãos, mas também, às vezes, perigosos. Podem até se voltar contra mim.

O homem é ignorante. Costuma buscar o que não tem importância. Pedir coisas que na verdade não o beneficiarão, que poderão envenená-lo. Desejar a própria

morte, a própria destruição. Portanto, o todo deve ser buscado antes. Deve merecer minha inteira confiança, por assim dizer. O todo deve estar comigo. Só em companhia do todo posso ir a algum lugar, numa jornada que jamais será prejudicial para mim ou para qualquer outra pessoa. Devemos compreender bem isso.

Em ciência, há provas. A ciência começa sem prece – o homem empreende sozinho, sem pedir colaboração, sem pedir ajuda, sem nenhuma atitude de prece perante o todo – o homem luta isolado. Por isso a ciência se torna empenho, conquista, luta, guerra. E por isso, segundo minha maneira de ver, a ciência levou a humanidade a um beco sem saída.

A ciência prometeu muitas coisas e não cumpriu nenhuma. Ao contrário, tudo o que foi considerado e divulgado como uma bênção para a humanidade revelou-se algo bem diferente. Por quê? Por que tanto esforço, tanta concentração, tanta energia gasta pelos cientistas se a humanidade afunda cada vez mais no sofrimento a cada dia? Por quê? Todo empreendimento iniciado sem uma atitude de prece é perigoso porque o todo não foi invocado. O todo não mereceu confiança. O todo não foi sequer levado em conta.

Orar é considerar o todo significativo: "Não sou nada. Devo pedir permissão, devo pedir ajuda. Só depois que minha prece for atendida é que darei o primeiro passo". Se começar pela prece, o homem jamais se perderá; a própria prece modifica a consciência inteira. A atitude de prece gera a entrega, uma mente entregue, uma consciência entregue. A prece, por si só, provoca dentro de você o amor pelo universo, não a luta contra o universo.

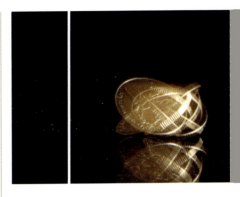

Sob outro prisma, duas coisas são muito significativas na consciência humana. A psicologia freudiana sustenta que o homem tem dois tipos de vontade (ou então que a vontade do homem se divide em dois centros conflitantes, havendo portanto dois centros em sua vontade). A uma delas, Freud chama de *eros*: amor; à outra, de *thanatos*: morte. Quando a mente funciona a partir do centro de morte, *thanatos*, há luta; quando a mente funciona a partir do centro de *eros*, há amor pelo universo.

Digo então que começar pela prece é começar pelo centro de *eros*. Começar pela prece é iniciar o empreendimento como um empreendimento de amor. É buscar a existência com a plenitude do amor. É para amar que oramos. Se você quiser brigar, a prece não será necessária. A ciência briga com o universo; a religião é um empreendimento de amor – ela se apaixona pelo universo.

Assim, este Upanishad começa por uma prece, uma prece muito estranha porque pede que os sentidos – olhos, ouvidos, nariz – sejam reforçados primeiro. "Que meus sentidos se fortaleçam." Essa é a primeira prece – muito esquisita, na aparência muito pouco indiana! E muito pouco religiosa, pois o homem religioso é contra os sentidos. Ele pode pedir: "Como posso ir além dos meus sentidos, transcendê-los? Como posso dissolver meus sentidos completamente?". Isso ele pode pedir. Parece lógico, racional, consistente. Mas esta prece estranha: "Dê mais força, mais energia, mais crescimento, mais maturidade aos meus sentidos". Por quê? Com efeito, todo religioso autêntico vive na não dualidade, nunca na dualidade. Para a religião verdadeiramente autêntica, não existe dualidade entre consciência e corpo, não existe dualidade entre o divino e o mundano, não existe dualidade entre a mente e a matéria; a dualidade não passa de uma criação da mente. Não há dualidade em parte alguma, o todo é um. Se o consideramos dois ou se ele nos parece dois, isso ocorre devido ao nosso ponto de vista, não porque ele seja assim. Por meio dos sentidos, o todo nos parece matéria; por meio de uma abordagem que desconsidera os sentidos, ele nos parece mente, consciência. Mas é um!

Matéria é apenas consciência profundamente adormecida; consciência é apenas matéria desperta, matéria transformada em consciência. Do mesmo modo, uma pedra no caminho é apenas um sono profundo, um sono da mente. Muito profundo – que pode durar mil anos – mas é sono. Mesmo dentro da pedra uma alma pode estar adormecida, há ali uma possível consciência, uma consciência em potencial. Em você, ela mal despertou: mas está lá. Matéria e mente são dois estados de uma coisa só, de um fenômeno único: a matéria está adormecida, a mente está desperta.

Portanto, para os Upanishads, não há dualidade entre corpo e consciência. Daí o pedido, a prece: "Meus sentidos precisam se fortalecer para se tornar mais maduros, mais fortes, mais aguçados, mais penetrantes". Por quê? Porque se meus olhos se aguçarem, poderei ver o divino até na matéria, até numa árvore – até numa pedra poderei vê-lo. Só não o vejo por dois motivos. Primeiro: a pedra está adormecida; segundo: meus olhos não são aguçados o bastante para penetrar até seu sono e conhecê-lo. Esses são os motivos.

Matéria é consciência adormecida e não consigo vê-la porque meus olhos não são suficientemente aguçados e meus sentidos não são suficientemente penetrantes para chegar até a consciência que jaz na pedra. Assim, há duas possibilidades: ou a pedra se transforma, se desabrocha em consciência e então posso conhecer, ou meus olhos se aperfeiçoam e então consigo penetrar. Nesse caso, chego a conhecer e a sentir, mesmo que a consciência esteja adormecida.

O Upanishad ora: "Que meus sentidos se fortaleçam e, desse modo, eu consiga desvendar seu mistério. Seu mistério está aqui, mas não o vejo, pois meus olhos estão fracos ou cegos. Cegos, não podem vê-lo, senti-lo. Se vejo e sinto, é só a matéria que chega ao meu conhecimento. Meus sentidos frágeis não conseguem apreendê-lo. Por isso, torne meus sentidos mais receptivos, mais fortes, mais aguçados para que eu mergulhe fundo em seu mistério onipresente".

Essa prece é estranha, mas bela. Estranha porque nos impingiram uma concepção das mais erradas: a de que os sentidos são nossos inimigos. Mate os sentidos, destrua-os! Despojado de sentidos, com um corpo morto, você será mais espiritual. Essa concepção totalmente errônea foi implantada em nossa mente – uma concepção da vida verdadeiramente patológica, doentia, neurótica.

Os Upanishads são muito sadios, aceitam a vida. Ensinam que a pessoa não deve estar morta no corpo e sim mais viva. Se você estiver vivo, cada vez mais vivo, não mais sentirá o corpo. Chega um momento em que o corpo se satura de vida – cada partícula do corpo está viva, desperta – e, então, já não há corpo. Você se torna energia, consciência e nada mais.

O que ocorre, pois, é transformação e não supressão. Na prece, não se pede a supressão. O rishi não ora assim: "Que meus olhos fiquem fracos ou cegos para eu não ver o que não deve ser visto". Ao contrário, ora assim: "Que meus olhos fiquem tão fortes a ponto de eu ver o que não deve ser visto. O invisível e o incognoscível não são vistos, portanto dê-me forças. Dê mais energia, mais consciência aos meus sentidos". O rishi pede: "Permita que eu penetre em meu corpo, em cada fibra de meu corpo. Permita que eu mergulhe em cada partícula de meu corpo, tornando-me tão vivo, tão cheio de energia, tão pleno de consciência e sensibilidade que consiga conhecê-lo, sentir o seu mistério".

Com efeito, aqueles que lograram captar o mistério divino eram, de um modo geral, as pessoas mais sensíveis do mundo. O chamado asceta – que pretende apenas macerar o

corpo e destruir os veículos do conhecimento – pode chegar ao ponto de se tornar unicamente uma pedra encalacrada. O corpo morre por completo e o asceta se enclausura em si mesmo. Pode se tornar um ego perfeito, mas nunca uma alma, nunca um iluminado.

Os ascetas podem ser egos perfeitos porque, quanto mais se fecham, mais autocentrados se tornam e mais seu eu se robustece. Transformam-se em mônadas, completamente enclausuradas e mortas em si mesmas. Passam a viver de ilusões, de sonhos; entram em coma. Afastam-se do todo por vontade própria. Isso é suicídio espiritual. Sim, suicídio; tudo o mais apenas se transfere de um corpo para outro. Puro suicídio espiritual.

O rishi diz exatamente o contrário: "Que meu corpo ganhe mais vida, que eu penetre em meu corpo. Que meus dedos sejam minha alma para que, quando eu tocar alguma coisa com eles, tanto eles quanto a coisa tocada se dissolvam". Desse modo eu me torno mais proeminente, mais significativo, conscientizo-me de meus dedos; e só então posso tocar algo que não pode ser tocado. Se eu pegar sua mão e puser toda a minha consciência nos dedos, só então estarei tocando você – e não a sua mão. Dessa maneira, seu ser é tocado e seu mistério se torna palpável, vivo para mim. As portas de seu mistério se abrem à minha frente e começo a participar de sua existência. Uma janela se escancara e já não somos dois.

Isso pode acontecer à existência como um todo – e só quando acontece é que nós conquistamos a liberdade plena.

a morte é o problema fundamental

Nem pelo trabalho, nem pelo nascimento nem pela fortuna, mas apenas pela renúncia, alcançamos a imortalidade.

Mais sublime que o céu, a verdade absoluta, radiante, mora na caverna do coração; e é ali que o buscador sincero a encontra.

Kaivalya Upanishad

Para a religião, o problema fundamental é a morte e não a vida. Como a vida existe, não é problema – você tem vida, você é vida. A morte, sim, é problema. Não está aqui e, todavia, está.

A morte não aconteceu a você, mas acontece à sua volta e acontecerá com você também. A vida é o presente; a morte é o futuro. E o futuro é o problema, não o presente – porque o futuro tem de ser encarado, o futuro tem de ser enfrentado, o futuro tem de ser transcendido. Desse modo, o homem está sempre às voltas com a morte, não com a vida.

É por isso que os animais não têm religião: não podem imaginar, conceber a morte. Vivem e morrem, mas a morte nunca os preocupa. Na consciência dos animais, a morte nunca é compreendida, nunca é concebida, nunca é vista como problema. Eles não conhecem a morte. Estão vivos ou estão mortos, mas não conhecem a morte. Quando a morte é conhecida? De que modo a morte é conhecida? Ela o é... Você está vivo, não está morto, mas a morte existe em algum ponto do futuro.

Um homem morto não tem problema com a morte, já está morto. A morte não é problema nenhum para ele. Vivos, a morte nos espreita de algum lugar, espera por nós. Essa morte à espreita – sempre próxima, podendo aparecer a qualquer momento – é o problema. Então o homem luta contra ela, sua existência inteira se torna um combate com a morte. A vida é inteiramente desperdiçada em dispositivos, meios de segurança, defesas contra a morte.

Não podemos viver porque a morte existe. Não podemos viver, viver autenticamente, porque a morte não nos permite isso. Como viver se há morte? Se você vai morrer, como pode viver tranquilo? Como pode viver em bem-aventurança? Então, cada passo na vida é um passo para a morte. Então todo movimento é um movimento seu em direção ao túmulo ou um movimento da morte em direção a você.

O problema da religião é a morte. Como resolvê-lo? Tentamos de várias maneiras. Por meio da riqueza, da ciência, da saúde, da proteção, da medicina, da filosofia e da teologia elaboramos diversas estratégias para ser imortais. Inventamos muitas coi-

sas, mas todas são vãs, sem sentido, absurdas. A morte vem e nada a detém. Sempre foi assim e sempre será porque a morte, na verdade, não está apenas no futuro: está também no passado.

Quando alguém nasce, a morte nasce com ele. A morte não está apenas no futuro. Se estivesse, poderia ser evitada, mas ela é também parte do passado. É uma decorrência daquilo que chamamos de nascimento. O nascimento é o começo da morte ou (poderíamos dizer) a morte é o final do processo de nascimento. Portanto, o aniversário de seu nascimento é também o aniversário de sua morte. O início é o fim porque todo início implica seu fim. Todo início tem seu fim como a semente. Se a morte estivesse unicamente no futuro, poderia ser evitada. Mas não está, ela faz parte de você, está aqui e agora dentro de seu ser – avançando, crescendo.

Consequentemente, a morte não é um ponto fixo em algum lugar. É algo que cresce em seu interior, e cresce sem parar. Quando você a combate, ela cresce. Quando você a alimenta, ela cresce. Quando tenta escapar de suas garras, ela cresce. Assim, o que quer que você faça, uma coisa está constantemente em movimento: ou seja, você está morrendo. O que quer que você faça – dormir, relaxar, trabalhar, pensar, meditar – uma coisa é certa: a morte está tomando corpo constantemente, continuamente. Ela não precisa de sua ajuda, não precisa de sua cooperação. Não liga para suas defesas, continua crescendo. Por quê? Porque nasceu quando você nasceu, faz parte de seu nascimento. A morte não pode, pois, ser evitada pelos meios que o homem, a mente humana, sempre empregou.

Este Upanishad diz: a morte pode ser evitada, você pode se tornar imortal, você pode conhecer aquilo que é imortal – que jamais morrerá.

Mas como conhecer isso? Onde procurá-lo, como descobri-lo? Afinal, todos os esforços de que temos ciência são irrelevantes, sem sentido.

O Upanishad diz: não lute contra a morte, antes procure saber o que é a vida. Não insista em escapar da morte, antes decida entrar na vida – a própria chama da vida deve ser penetrada. Não crie um tipo de vida negativo; não teime em fugir da morte – esse é um ato negativo. Seja positivo e ocupe-se em aprender o que é a vida. De fato, a morte não se opõe à vida. Nos dicionários, sim; na existência, não. A morte não se opõe à vida; a morte se opõe ao nascimento.

A vida é algo mais. Ela antecede o nascimento, não nasce. O nascimento é um fenômeno que acontece na vida. O nascimento não é o início da vida. Se fosse, então você teria nascido morto. O nascimento não é o início da vida, a vida o antecede. A vida está implícita no nascimento, existe antes dele. E como existe, dá-se o nascimento. A vida vem antes, o nascimento vem depois. Você existe mesmo antes de nascer. Você nasceu porque já existia.

O mesmo ocorre com a morte. Se você existia antes de nascer, então existirá depois de morrer, pois o que está presente antes do nascimento necessariamente estará presente depois da morte. A vida é algo que acontece entre o nascimento e a morte – e além do nascimento e da morte.

Devemos imaginar que a vida é um rio. Nele, um ponto é conhecido como nascimento, outro como morte, mas ele não para de fluir. Continua a fluir depois da morte o

rio que já fluía antes do nascimento. Essa vida semelhante a um rio deve ser penetrada, do contrário nunca conheceremos aquilo que é imortal. Obviamente, o que não é mortal deve ser não nascido. Entretanto, nosso olhar é inteiramente mal orientado. Olhamos para uma maneira de escapar da morte. Ele é contra a morte, não a favor da vida. Por causa dessa falha única, nunca conseguimos conhecer o imortal. Prosseguimos na busca – descobrindo novos métodos, novas técnicas, novos recursos para iludir a morte. Mas a morte vem e jamais deixará de vir.

É preciso conhecer a vida. Jesus disse: "Buscai a vida, a abundância de vida". Não se contente com aquilo que você chama de vida. Procure mais, descubra mais, aprofunde-se mais – saia à cata de mais vida. No momento, buscamos menos morte e não mais vida. Nossa preocupação se volta totalmente para a morte.

Um exemplo. Na escuridão, você pode fazer duas coisas: lutar contra ela, na tentativa de destruí-la, ou procurar uma luz, o que é bem diferente. Você poderá combater diretamente a escuridão, mas será derrotado: a escuridão é que vencerá.

Não porque seja mais forte que você, mas porque você não tem poderes contra

> *O nascimento é um fenômeno que acontece na vida. O nascimento não é o início da vida.*

ela. Não, não: a escuridão não é poderosa e você não é impotente! Ocorre que a escuridão não passa de ausência e ninguém consegue lutar contra uma ausência.

A escuridão é negativa. Você não pode lutar contra ela e, se lutar, será derrotado – não porque ela seja forte, mas porque não existe. Como lutar contra algo inexistente? A escuridão não é nada; é apenas ausência de luz. Se você decidir lutar contra ela, ficará lutando por milhares de anos, sem vencer nunca. Quanto mais for derrotado, mais procurará novos métodos de vencer. E quanto mais for derrotado, mais vai se sentir impotente e achar que a escuridão é muito poderosa. Pensará então que precisa descobrir algo mais poderoso que ela. Essa lógica é inteiramente falaciosa, um círculo vicioso; continue a aplicá-la e você jamais escapará desse círculo. Quanto mais derrotado você for, mais frustrado se sentirá e mais armas tentará usar contra a escuridão. Mas será sempre vencido. A derrota não terá nenhuma relação com seu poder ou impotência. Terá relação com sua luta contra aquilo que não existe.

O caso da morte é o mesmo. A morte não é uma entidade positiva, é apenas a ausência de vida. Quando a vida se ausenta, a morte ocorre. A morte é alguma coisa que se vai, não alguma coisa que vem até você – só a vida vai para algum outro lugar. O rio da vida começa a fluir para um determinado ponto e a morte ocorre – ela é apenas uma ausência.

Não há luz, as trevas ocorrem. A luz vem, as trevas não estão mais ali. Portanto, encontre a luz, encontre a vida. Não lute contra a morte, não combata as trevas. Não

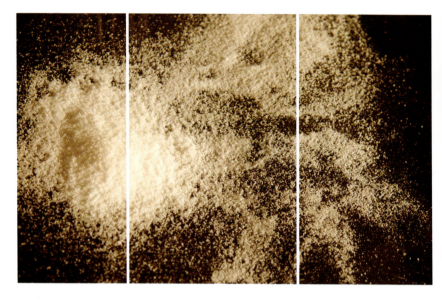

seja negativo, seja positivo. E, por positivo, entendo procurar sempre o que está presente. Jamais saia em busca do que está ausente – você jamais o encontrará.

A morte acontece todos os dias, mas ninguém a encontrou, ninguém a conhece. Nem pode conhecer – como conheceria? Você é vida – como conheceria a morte? A escuridão está aí, mas o sol nunca a conheceu – como poderia o sol conhecê-la? Quando o sol aparece, não há mais trevas; portanto, os dois nunca se encontraram, não podem se encontrar; isso é impossível.

Quando você acende uma luz num quarto escuro, acha que essa luz encontrará a escuridão? No momento em que a luz se faz presente, a escuridão se ausenta. Assim, só uma pode estar presente, nunca as duas – ou a escuridão ou a luz. A luz nunca conheceu a escuridão, a escuridão nunca conheceu a luz – porque escuridão é simples ausência. Mas então como pode a luz conhecer sua própria ausência? Se conhece, ela está presente. E se ela não está presente, o que há é ausência – mas, nesse caso, a luz não pode conhecê-la.

Você não pode encontrar sua própria ausência. Como poderia? A morte é a sua ausência. Quando você está ausente, a morte ocorre.

Permita-me, pois, dizer-lhe uma coisa: a morte é um fenômeno social, não individual. Nenhum indivíduo morre; o rio individual continua a correr para algum lugar. Mas quando, partindo da multidão, o rio individual flui para outro lugar, aos olhos da multidão alguém morreu; aos olhos da multidão, alguém se ausentou. Se meu amigo morreu, morreu para mim, não para ele mesmo. A morte é um fenômeno que ocorreu para mim, não para meu amigo. Como seria possível que ocorresse para ele?

A vida não pode se defrontar com a morte; a vida é um movimento em direção a algum outro lugar – por isso nós nos defrontamos com ela. A morte é um fenômeno social, não é um fenômeno individual. Ninguém jamais morreu, mas nós sabemos que todos morrem. E todos morrem porque alguém de repente desaparece. Estamos aqui; se eu, de repente, desaparecer, então morri – não para mim, mas para você. Para você, eu desapareci. Mas como desapareceria para mim mesmo? Isso seria impossível.

Os Upanishads recomendam: não lute contra a morte, lutar contra a morte é lutar contra a ausência. Em vez disso, procure a presença que está em você. Quem está presente em você? Descubra. O que está presente em você, que você chama de vida? O quê? De onde veio para penetrar em seu ser? Qual é o centro, a fonte disso? Mergulhe em seu íntimo e descubra a fonte. Segundo o Upanishad, essa fonte está oculta em seu coração. A fonte da vida está oculta em seu coração. Entre nele e encontre a fonte original.

Depois que você conhecer essa fonte, não haverá mais morte para você. Não

> *Os Upanishads recomendam: não lute contra a morte, lutar contra a morte é lutar contra a ausência. Em vez disso, procure a presença que está em você.*

haverá mais medo, não haverá mais nenhum problema. Depois que conhecemos a vida, tornamo-nos imortais.

Somos imortais – inconscientemente, sem saber, sem perceber. Todos são imortais. Nada morre – nada pode morrer – mas todos sentem medo. Esse medo existe também por causa da sociedade, pois vemos que "A" morreu hoje, "B" morrerá amanhã e "C" morreu ontem. Então compreendemos: "Vou morrer, vou morrer". O medo de morrer se apossa da mente porque a morte ocorre na sociedade.

Pense assim: se estou sozinho e nunca conheci a morte, a morte será um problema para mim? Se você estiver sozinho numa ilha – sem nunca ter visto a morte de ninguém, sem nunca ter ouvido falar dela – saberá que ela existe? Poderá conceber que morrerá? Como conceberia isso? A morte é um fato social, a sociedade nos ensina a morte. A sociedade nos revela que a morte acontece. Sozinhos, jamais a conheceríamos, sozinhos sequer a imaginaríamos. Sozinhos, a própria palavra *morte* não significaria coisa alguma para nós.

De certo modo, bem no íntimo, todos sabem disso. Não importa quão conscientes nos tornemos da morte dos outros, lá no fundo continuamos a pensar que não vamos morrer. Lá no fundo, todos pensamos: "A morte pode acontecer aos outros, mas não acontecerá a mim". Por isso, tantas mortes ocorrem e nós continuamos aqui – vivos. De outro modo, ficaríamos paralisados, totalmente paralisados. Diante de uma única morte, ficaríamos paralisados. Mas, lá no fundo, pensaríamos: "Pode ter acon-

tecido a ele, mas a mim não acontecerá". No íntimo, todos nós continuamos a acreditar que somos dotados de algo chamado imortalidade. É uma crença inconsciente, do contrário não haveria medo.

Os Upanishads prescrevem: tornem essa crença consciente. Mergulhem fundo e passem a conhecê-la conscientemente. A vida, a chama que palpita em vocês continuará; a chama não se extinguirá.

Como chegar ao âmago do coração? Como penetrá-lo? Os Upanishads respondem: pela renúncia. Pela renúncia a todo esforço direcionado para fora. Renuncie a tudo aquilo que conduzir você para o exterior, a tudo aquilo que se tornar um veículo para o movimento de sua consciência em direção à matéria. Graças à inatividade profunda da renúncia, você alcançará o centro.

Uma pergunta: por que a mente se move para fora? Porque busca a riqueza, o prestígio, o poder. Qualquer movimento pressupõe a cobiça de algo exterior, o desejo intenso de alguma coisa que não pertence ao nosso interior, mas ao mundo objetivo. Todo desejo de um objeto do mundo é um movimento para fora. Renuncie a esse movimento. Mesmo que por um curto instante, se você renunciar a todos os movimentos para fora, caminhará para dentro. Ou seja, para ser executada diretamente, essa interiorização não precisa de nada. Mas precisa de alguma coisa para ser executada indiretamente. Não saia e você se verá dentro do coração, dentro da caverna do coração.

A mente se exterioriza por causa dos desejos. E não para: continua, continua sempre; pode continuar até o fim do mundo. Não se mova por causa de desejos.

A ausência de desejos é o método para a interiorização – a ausência de desejos é meditação. Não deseje coisa alguma. Mesmo por um curto instante, se você não desejar nada, estará dentro. Então, poderá encontrar a chama da vida que é a imortalidade, a não morte, que nunca nasceu e nunca morrerá. Uma vez adquirido esse conhecimento, desaparece o medo da morte. E quando não há o medo da morte – só então – passamos a viver autenticamente.

A partir desse momento, sua vida será inteiramente diferente. Mais lúcida, mais dinâmica, mais fresca, mais feliz. Será um êxtase profundo, um êxtase contínuo – sem medo, sem ansiedade, sem desejo. Não haverá dor, não haverá sofrimento, não haverá angústia. Sem o desejo, você mergulha num abismo profundo de êxtase. Isso é conhecido, nos Upanishads, como *brahmalok*, o mundo do divino.

Vivemos num mundo de coisas materiais, de movimento para fora. Quando a consciência se interioriza, entramos num mundo diferente – o mundo do divino. Com o movimento para fora, há sofrimento; com o movimento para dentro, há paz e felicidade. Mas não quer dizer que quem executa o movimento para dentro não consiga mais executar o movimento para fora – ao contrário, até adquire nisso maior desenvoltura, maior capacidade. Agora, move-se com toda a sua "interioridade" para o mundo exterior, sem ser tocado por ele. Move-se, mas constantemente enraizado em si mesmo. Não se desenraiza. Pode ir aonde quiser, mas continuará enraizado em si mesmo. Esse enraizamento é, em si, a fonte de toda bem-aventurança possível.

você nasceu com uma consciência

Aqueles que purificaram a mente graças à prática de sannyas e yoga, bem como aqueles que compreenderam o significado exato da ciência espiritual ensinada no vedanta Upanishad, tornam-se enfim capazes de alcançar brahmalok – o mundo de Brahman. Libertando-se de tudo, lutam para obter a imortalidade.

Kaivalya Upanishad

O problema básico que se apresenta ao buscador espiritual não é como conhecer, mas como ser. Conhecer não oferece obstáculo – é fácil.

O problema real é como ser, como o ser deve ser fortalecido. O conhecimento pode crescer facilmente, tem seus próprios meios para isso. Mas o conhecimento é um crescimento parasita. O conhecimento cresce na memória, que é mecânica. E por isso hoje temos aparelhos que podem ser providos de memória. Temos computadores, que são mais eficientes que qualquer cérebro humano. O computador pode fazer tudo o que o cérebro humano faz e muitas coisas que o cérebro humano jamais faria. Cedo ou tarde, a memória humana será substituída por equipamentos mecânicos. Estes conseguem fazer tudo o que sua mente faz – e com mais eficiência em menos tempo. Um computador resolve em segundos um problema matemático que Einstein ou alguém do calibre de Einstein levaria pelo menos três meses para resolver.

A mente não passa de um equipamento mecânico. Pode crescer; se você a alimentar com conhecimento e informação, ela crescerá. Você talvez não o perceba, mas da mente só sai o que nela foi colocado antes – só. Da mente, não sai nada de original.

Portanto, com respeito à mente, não existe originalidade: tudo é repetição. A mente é o mecanismo mais repetitivo que existe. Você precisa alimentá-la, dar-lhe alguma coisa que ela possa reproduzir. Nenhum pensamento nos ocorre que seja verdadeiramente nosso. Todos nos foram dados – pela sociedade, pela educação, pelo estudo. Mas todos nos foram dados. No máximo, fazemos novas combinações, só isso. A mente não consegue fazer mais nada. Isso é crescimento, crescimento parasita à custa de nosso ser.

Por "ser", entendo a consciência com a qual nascemos. E, por "mente", entendo tudo o que foi acumulado em nossa consciência pela sociedade, a educação e a cultura. Você não nasceu com uma mente, nasceu com uma consciência. A mente é um crescimento posterior. Por isso, se a pessoa não for disciplinada e educada, terá uma mente pobre, insignificante. Se nenhuma língua lhe for ensinada, ela não conhecerá língua nenhuma. Se nada lhe for ensinado, ela não conhecerá nada. A mente é um crescimento social. A consciência é uma parte de você, mas a mente, não; a

mente lhe foi dada. O objetivo de todo cultivo social, de toda imposição social é produzir em você uma mente.

Por isso a mente cristã é diferente da mente hindu, pois a sociedade hindu dá alguma coisa e a sociedade cristã dá algo mais. A mente muçulmana é totalmente diferente das mentes hindu, cristã ou jainista. Mas a consciência dos hindus, dos muçulmanos ou dos cristãos é a mesma. De fato, uma consciência não pode ser chamada de cristã, hindu ou muçulmana – mas uma mente pode.

Assim, se você não superar sua mente, não superará sua igreja, seus dogmas e seus credos. Se você não superar sua mente, não superará sua sociedade. Ficará preso à sua criação. Essa mente que a sociedade dá a todos é [...] uma necessidade; ela precisa fazer isso. A mente é boa enquanto não se torna uma prisão. Pode ocorrer, em determinado instante, que você fique livre de sua mente. Então, ela começa a operar como um equipamento mecânico em você; você pode usá-la, mas não se identifica com ela.

Sem dúvida, precisamos usar a linguagem e a matemática; sem dúvida, precisamos conhecer a história, a geografia e tudo o mais. Mas nada disso se identifica com nossa consciência. Devemos permanecer apenas como testemunha desse conhecimento. Devemos ser separados, diferentes de nossa mente; sem identificação com ela. É isso que a meditação ensina: o modo de não nos identificarmos com a mente, de criarmos um espaço entre nós e ela.

A dificuldade está em que nunca fazemos separações. Pensamos que mente significa eu; mente e eu se identificam por completo. E, sendo assim, nunca ficamos tranquilos, nunca nos tornamos capazes de penetrar o divino, pois o divino só pode ser penetrado quando o social é esquecido. Quando tudo o que a sociedade nos deu é repudiado, penetramos o divino porque só então penetramos a consciência pura. A mente é uma excrescência e deve ser posta de lado.

Por renúncia, entendo o repúdio do social. Nossa mente é apenas um subproduto da sociedade, dependente desta. A mente pode crescer sem parar. Então, crescemos em conhecimento – estudando, aprendendo novas coisas, mais coisas. Assim, a mente continua crescendo.

Ela é capaz de crescer indefinidamente. Por enquanto, os cientistas não podem dizer aonde ela vai chegar. Sabemos apenas que ela se avoluma, que o processo parece sem limites. Seu potencial é tremendo: são 70 milhões de células trabalhando, cada célula capaz de armazenar dezenas de milhões de *bits* de informação. Isso mesmo:

> *Meditar significa criar um espaço para que você se torne o dono, o dono de sua própria mente.*

uma única célula da mente pode armazenar dezenas de milhões de *bits* de informação e a mente como um todo possui nada menos que setenta milhões de células! Comumente, não usamos sequer a capacidade de uma célula – e temos 70 milhões! Cada célula parece, pois, capaz de um acúmulo infinito de informações.

A mente parece infinita à sua maneira. Mas ela não é você! É apenas algo que lhe foi dado. É útil, é funcional; por isso nos identificamos com ela. Precisamos usá-la o tempo todo, sem interrupção. Você não poderia se lembrar de momento algum em que não foi sua mente. Esse é o problema – lembrar-se, criar um espaço, uma lacuna, um momento em que você não foi sua mente. Quando você é você mesmo e a mente não passa de um recurso à sua disposição, você é senhor de decidir se vai usá-la ou não.

Em geral, a mente é a dona e você tem de obedecer a ela. A mente lhe dá algo para pensar e você pensa. A mente lhe dá um sonho e você é obrigado a sonhá-lo. E assim por diante... Às vezes, mesmo quando você diz à sua mente: "Pare!", ela não para. Não o escuta; e não o escuta porque você cooperou tanto com ela, repassando-lhe sua energia e identificação, que ela já não se lembra de que o dono é você. Para sua mente, você é um escravo.

Meditar significa criar um espaço para que você se torne o dono, o dono de sua própria mente. E ser dono significa não se identificar. Posso ordenar à minha mão que faça qualquer coisa – mover-se ou ficar parada. Por quê? Porque não me identifico com minha mão; de outro modo, quem ordenaria e quem obedeceria? Ordeno à

minha mão que se mova – e ela se move. Contudo, se minha mão começar a se mover e eu disser: "Pare!", mas ela não parar, o que vem a ser isso? Apenas uma coisa: minha ordem é impotente porque me identifiquei demais com minha mão. Ela se tornou dona de direito próprio – e continua se movendo. Diz: "Não vou seguir absolutamente sua ordem".

Foi o que aconteceu com a mente. Ela continuou agindo por si mesma. Não se pode lhe dar ordens. Mas não por uma impossibilidade intrínseca – acontece que você nunca lhe ordenou nada e ela não sabe que o dono é você. O dono permaneceu tão calado, tão escondido que o escravo começou a se julgar senhor.

Se esse crescimento prosseguir, a pessoa ficará cada vez mais encolhida em si mesma e a mente se dilatará a tal ponto que sua consciência enfrentará dificuldades para se impor. Por isso, um aldeão simplório, com uma mente menor, possui às vezes mais consciência. Uma pessoa comum – não muito culta, sem grandes conhecimentos – tem sempre, é claro, menos mente, mas mais consciência. Não raro, uma pessoa de mente grande se comporta de maneira lamentavelmente tola porque tem consciência pequena.

No entanto, a pessoa de mente desenvolvida pode agir com sabedoria, comportar-se com sabedoria caso, na situação, a mente saiba o que fazer e o que não fazer.

A pessoa então se comportará, trabalhará e fará tudo com bastante eficiência. Porém, numa situação nova, desconhecida para a mente, ela agirá de modo estúpido.

Um aldeão – sem cultura, primitivo, com mente pequena – agirá mais conscientemente numa situação nova porque, para ele, as novas situações ocorrem todos os dias, a todo instante. Sem uma mente desenvolvida, ele terá de apelar para a consciência. Por isso o mundo, acumulando mais conhecimento, tornou-se menos sábio. Hoje é difícil produzir um Buda – não porque sejamos mais ignorantes, mas porque sabemos mais. Hoje é difícil produzir um Jesus, não por carência de alguma coisa, mas por excesso. O conhecimento aumentou vertiginosamente e, com isso, o ser se empobreceu.

Valorizamos alguém pelo que ele possui – cultura, riqueza, poder –, nunca pelo que ele é. Se tenho poder, sou valorizado; se tenho riqueza, sou valorizado; se tenho cultura, sou valorizado – mas ninguém me valoriza pelo que sou. Se perco a riqueza, minha influência desaparece; se perco o conhecimento, minha influência desaparece; se perco o poder, minha influência desaparece – pois não sou valorizado pelo que sou. Sou valorizado pelo que possuo. A posse se tornou mais importante [...] e saber é uma forma sutil de possuir.

Ser é a pureza de minha existência interior, sem nenhum acréscimo de fora: riqueza, conhecimento, nada – só minha consciência interior em toda a sua pureza. É isso que entendo por crescimento do ser, o qual pode ser alcançado somente por dois métodos: renúncia, *sannyas*, e yoga, ciência do crescimento positivo. Podemos renunciar às identificações, compreendendo que "Eu não sou o corpo, eu não sou a mente". E podemos estender a renúncia a tudo o que seja mente, exceto o "eu sou", atingindo o ponto central ao qual não se pode renunciar.

Descartes inicia sua especulação filosófica pela dúvida e continua duvidando. Continua duvidando de tudo que seja passível de dúvida. Ele era realmente um intelecto muito sutil e penetrante, tanto assim que passa por ser o pai da moderna filosofia ocidental. Descartes duvidava de tudo, afirmando: "Só pararei de duvidar quando descobrir algo que não seja duvidoso. Se puder duvidar, prosseguirei duvidando, a menos que encontre algo indubitável". Assim, pode-se duvidar de Deus facilmente; é difícil acreditar e fácil desacreditar, porque para desacreditar basta dizer não. Nada mais.

"Não" é uma palavra sem compromisso. Quando você diz "sim", se compromete. Se digo "Sim, Deus existe", não posso permanecer o mesmo. Se digo "Não, Deus não existe", continuo a ser o que era. Em certo sentido, "não" é a palavra mais fácil de dizer. Você a diz, não se compromete, permanece de fora. Depois de dizer "sim", está comprometido. Dizer "não" a tudo é muito fácil porque, então, você não precisa provar nada. Caso diga "sim", terá de provar – e provas são, é claro, muito difíceis de obter. São muito difíceis de obter até para fatos concretos.

O tempo existe. Sabemos que o tempo existe, todos sentimos isso – mas quem pode prová-lo? Santo Agostinho diz: "Não me pergunteis se o tempo existe, pois, se não perguntardes, sei que existe. Mas, se perguntardes, já não sei se existe ou não. E quanto mais persistirdes, mais em dúvida ficarei". Podemos provar a existência do tempo? Ele existe, todos sabemos que ele existe. Mas provar não podemos.

Podemos provar a existência do amor? Todos sabemos que o amor existe. Mesmo quem não o sentiu profundamente, ao menos sentiu sua ausência. O amor é sentido como presença ou ausência – mas ninguém pode prová-lo. Portanto, se alguém disser "O amor não existe", você não conseguirá desmenti-lo.

Assim, Descartes continua negando, duvidando. Deus é negado, o próprio mundo é negado – sim, mesmo o mundo que está aqui e agora. Estou aqui mas posso duvidar disso, pois talvez isso seja apenas um sonho para mim. E como saberei a diferença: se é sonho ou não? Sucede que, às vezes, sonho estar conversando com pessoas; e, quando sonho estar conversando com pessoas, elas são muito reais para mim – de fato, até mais reais, pois no sonho não duvido de sua presença. Entretanto, quando estão realmente presentes, posso duvidar. Posso achar que são apenas um sonho. Elas talvez não estejam presentes, talvez sejam apenas um sonho para mim. Sonho que estão em minha presença, que converso com elas, com o produto de meu sonho. Como provarei que estão realmente ali? Não há meio. Não há meio de provar que estejam. Posso tocá-las, mas também posso tocar alguém em sonho e sentir-lhe o corpo.

Com efeito é difícil, ou mesmo impossível, fazer uma distinção entre realidade e sonho.

Por isso Berkeley afirma que este mundo é um sonho. Shankara diz o mesmo. Ambos dizem isso e não podem ser contestados.

Descartes propõe, então: "Este mundo não existe. É apenas um pensamento, um sonho. Deus também não existe". Desse modo, vai negando tudo. Por fim, chega até ele próprio e começa a indagar se existe ou não. Mas eis que se depara com um fato que não pode ser negado: mesmo que tudo seja sonho, alguém tem de sonhá-lo. Mesmo que tudo seja duvidoso, alguém tem de duvidar. Portanto, quando Descartes diz: "Não existo", alguém tem de estar negando a própria existência. Até para duvidar é preciso haver quem duvide. Prossegue então o filósofo: "Chego, pois, a um fato indubitável. Posso duvidar de tudo, mas não posso duvidar de mim mesmo. Se duvidar, a dúvida provará minha existência". E fornece esta fórmula consistente: "*Cogito, ergo sum* – Penso (duvido), logo existo".

A realidade do "eu sou" deve ser isolada da função cerebral, da mente, do pensamento. Ela é o ser e, para conhecer esse ser, temos de eliminar de nós tudo o que possa ser eliminado – como Descartes, que diz: "Só pararei de duvidar quando descobrir algo que não seja duvidoso". Da mesma forma, você deve continuar renunciando, renunciando a tudo que for possível, até chegar a algo que não admita renúncia.

Você não pode renunciar a seu ser; mas pode renunciar ao resto. Pode renunciar a tudo que não possa chamar de "Isto 'sou eu'", a tudo que não possa chamar de "Eu sou isto". Pode pensar: "Não, isto não 'sou eu'. Este corpo não sou eu, este mundo não sou eu, este pensamento não sou eu, esta faculdade de pensar não sou eu". Continue negando: mas chegará o momento em que não conseguirá negar mais. Só o que restará é a realidade do "eu sou". Nem mesmo isso: só o que restará é a "realidade". Essa realidade é o salto existencial.

A primeira parte do sutra é: renúncia, *sannyas*. Portanto, *sannyas* é um processo negativo. Precisamos ir eliminando sucessivamente: "Isto não é 'eu sou'", "Aquilo não é 'eu sou'". Isso é renúncia, processo negativo, eliminação. Mas é apenas uma parte. Você precisa renunciar a tudo aquilo que não é e, depois, desenvolver aquilo que é.

Isso é yoga, a ciência positiva do desenvolvimento. Yoga. Você tem de desenvolver o que está em você. Como? Como desenvolvê-lo? Já o vimos: pela fé, pela devoção, pela meditação, pelas práticas do corpo e outras. Isso é yoga.

Sannyas mais yoga é igual a religiosidade. Renuncie àquilo que você não é e desenvolva, crie aquilo que é. Somente pelos processos positivo e negativo plenamente harmonizados alcançamos o Brahman, o absoluto.

você nasceu com uma consciência 89

comece pelo negativo

Tu és o supremo Brahman, o eu em tudo, o antigo esteio do universo, sutil entre o que mais o seja e eterno: tu és isto.

Aquilo que ilumina o mundo das experiências afins vive na vigília, no sonho e no estado de sono profundo.

Quem percebe que Brahman e o eu são um é libertado de todas as cadeias.

Kaivalya Upanishad

Este é um sutra extremamente revolucionário:

Tu és o supremo Brahman, o eu em tudo, o antigo esteio do universo, sutil entre o que mais o seja e eterno: tu és isto.

Toda busca interior começa pela eliminação, pelo negativo. Você precisa saber que não pode saber o que é. O "não é" vem primeiro, o "é" vem depois. O negativo é o começo, o positivo é o fim.

Se você começar pelo positivo, jamais chegará ao positivo real. Se começar pelo negativo, chegará ao positivo. Por quê? Porque negativo e positivo são polos opostos. Ou melhor, parecem opostos para nós, mas no fundo não são. No fundo, negativo e positivo são polos de uma só existência.

A existência se manifesta como polos contrários. Estes são complementares, não opostos. São contrários, mas não opostos – complementam-se um ao outro. Suprem-se um ao outro. Ajudam-se um ao outro. De fato, nenhum dos dois pode existir sozinho. O bem não pode existir sem o mal, a luz não pode existir sem as trevas, o amor não pode existir sem o ódio, o amigo não pode existir sem o inimigo.

Um Jesus não pode existir sem um Judas. Mas Judas não é o oposto de Jesus.

É o complemento, o complemento dramático de Jesus, o outro aspecto de Jesus. Isso é difícil de entender porque nosso pensamento, do modo como funciona, sempre divide. Vemos Jesus como o bem e seu oposto, Judas, como o mal. Jesus não pode existir sem Judas e Judas não pode existir sem Jesus. Ambos existem simultaneamente.

Na verdade, essa história é muito bonita e significativa... Quando Jesus foi crucificado, Judas cometeu suicídio. É que Judas não pode existir sem Jesus; desaparecendo Jesus, ele se torna inútil, irrelevante. Já não tem o que fazer. Ele estava aqui apenas para Jesus ser crucificado ou para Jesus existir. Ele era a contrapartida, a sombra.

Jesus desaparece e, com ele, desaparece a sombra. Um Judas não existe sem um Jesus, um Jesus não pode vir ao mundo sem um Judas.

No fundo, os polos opostos são complementares; o negativo e o positivo são uma coisa só. O negativo traça os limites, cercando o positivo. O positivo é o centro, o

negativo é a periferia. Se você quiser chegar ao centro, terá de atravessar a periferia. Por isso, uma busca religiosa começa pelo negativo: aquilo que você não é. Você não é o corpo, você não é a mente, você não é o ego, você não é o eu: esses são todos elementos negativos. Os negativos, os "não", constituem a periferia – e só depois de superar todos os "não", todos os negativos, você chega ao positivo e descobre quem é.

Se começar pelo positivo, já começará mal porque o positivo estará apenas em sua imaginação, não será uma experiência autêntica. Se começar com "Eu sou Brahman", sem saber que não é o corpo, sem saber que não é a mente, sem saber que não é o ego [...] esse "Eu sou Brahman" não será o centro: você estará na periferia imaginando que está no centro.

A declaração "Eu sou Brahman" pode ser de dois tipos: um originário da imaginação, o outro da experiência. O segundo é autêntico, o primeiro não passa de pensamento ilusório. Se você não negou primeiro o pensamento, poderá concluir que é Brahman, mas isso será apenas pensamento – apenas um produto da mente, não uma experiência. Você não descobriu que é Brahman; apenas se tornou proficiente no que disseram as escrituras e os outros. Essa é apenas uma ideia em sua mente, não uma constatação profunda.

Portanto, não comece nunca pelo positivo. Há quem repita sem parar: "Eu sou Brahman, eu sou Brahman, eu sou Brahman". Com isso, mostra unicamente que não sabe, pois, se soubesse, não teria necessidade de repetir. O que sabemos, não repetimos: não é preciso. Sabemos – então para que repetir? A mente repetitiva revela que você apenas imagina ser Brahman, apenas tenta criar, pela auto-hipnose, a ilusão de ser Brahman.

Essa auto-hipnose, porém, não o levará ao fundo; não o levará sequer além da pele. Alguém o empurra, Brahman se desvanece e você reage com base no que realmente é. Reage como corpo, como mente, como

> *A mente acumula e a meditação elimina. Por isso, mente e meditação entram em conflito. Se você medita, destrói sua mente.*

ego, em momento algum como Brahman! Tudo aquilo não passou de pensamento – foi apenas um sonho, uma nuvem, não uma experiência própria.

Jamais comece pelo positivo, pois começar pelo positivo é um ato fadado a se tornar ilusório. Comece pelo negativo.

Mas nós tememos o negativo, nós temos pavor do negativo porque ele significa renúncia. Significa repudiar, destruir, eliminar alguma coisa. Significa romper a identificação com alguma coisa. Isso é penoso, provoca sofrimento. "Eu não sou isto" – então alguma coisa foi tirada de mim. "Eu não sou isto também" – mais alguma coisa foi tirada de mim. Coisas vão sendo tiradas de mim e eu vou ficando cada vez mais pobre: é disso que tenho medo.

Desejamos acumular. Desejamos persistir na identificação: "Isto sou eu, aquilo sou eu. Que tudo continue assim!" É dessa forma que a mente funciona. Vamos nos identificando com mais e mais coisas, com mais e mais pessoas. E quanto mais a periferia se dilata, mais seguros nos sentimos.

Esse é o significado de cobiça. Cobiça é o desejo de acumular: "Esta casa me pertence".

Ora, então é óbvio que me torno a própria casa. "Este carro me pertence" – torno-me o carro. Quando alguém se apaixona por seu carro – e muitos se apaixonam – o carro não é mais algo exterior a ele: torna-se parte dele, de seu corpo. Então a pessoa não sente mais que o carro é uma posse; passa a identificar-se com ele. Tudo aquilo que se prende a nós torna-se parte de nosso corpo – nossa mente funciona assim, acumulando. E por isso a eliminação é difícil.

A mente acumula e a meditação elimina. Por isso, mente e meditação entram em conflito. Se você medita, destrói sua mente.

O monge zen Rinzai definiu a meditação como um estado de não mente, uma libertação total da mente. Ou seja, uma libertação total do acúmulo. O processo inverso é necessário: a eliminação. Vá eliminando e dizendo: "Isto não sou eu, isto não sou eu, isto não sou eu" – vá eliminando sempre.

Nos Upanishads, a fórmula para a eliminação é *neti-neti*. Essas duas palavras constituem a base do processo negativo: *neti-neti* significa "não isto, não aquilo". Não isto, não aquilo: "Eu não sou isto, eu não sou aquilo" – e assim por diante.

Quando o processo negativo termina, caímos no positivo. Quando o processo negativo é ultrapassado, penetramos no positivo, que agora não é imaginado – nós experimentamos o positivo, nós encontramos o positivo, nós nos tornamos o positivo.

"Eu sou Brahman" é uma experiência, não uma declaração anterior a ela – essa declaração nunca deve ser feita, acreditada, assumida. Se você assumir que é Brahman, sem conhecê-lo, nunca conse-

guirá encontrar a realidade que se manifesta por si mesma a você, que explode em você e se torna Brahman.

Ultrapasse o negativo para chegar ao positivo. O positivo não deve ser vivenciado diretamente, mas sempre indiretamente. Você só precisa de eliminação e, quando tudo o que não é você for eliminado, aquilo que é você se revelará subitamente. Isso é uma revelação. Para alcançá-la, você não precisa fazer nada diretamente; indiretamente, precisa fazer muito.

Sim, indiretamente, precisa fazer muito. Cortar, renunciar e romper identificações até não subsistir nada que você possa chamar disto ou daquilo. Até restar você – apenas você, o centro da periferia já sem a periferia. Então, de repente, o foco inteiro da consciência muda. Você penetra num mundo diferente, o mundo do positivo. Torna-se consciente do que é.

Meditação é negação. Realização é afirmação. Meditar significa negar, negar até não haver mais nada a ser negado, suprimir até não haver mais nada a ser suprimido. Depois que tudo for suprimido e negado, e você já não puder negar nem suprimir coisa alguma por não haver coisa alguma a ser negada e suprimida, então aquilo que é – aquilo que você é, aquilo que tudo é – se manifesta. Então você mergulha no que existe, transcende o mundo e penetra em Brahman, no além.

Mais uma coisa: quando você penetra no positivo, sente-o como positivo apenas por causa do negativo que já experimentou. Quando você entra no positivo – o centro – sente-o como centro apenas porque conheceu a periferia. No entanto, uma vez ali, os dois desaparecem – o centro e a periferia, o positivo e o negativo. Explica-se então por que o termo indiano para isso é *parabrahman*, aquilo que está sempre além, além da dualidade. Conviria traduzi-lo por *transcendência*, aquilo que ultrapassa a dualidade.

Primeiro você elimina o negativo, esgota o negativo. Depois, entra no positivo, quan-

do então os dois desaparecem. E só quando os dois desaparecem é que você mergulha na totalidade.

Lembre-se então destes três termos: *samsara*, o mundo, *maya*, ilusão (o mundo dos objetos), e *Brahman*, o vidente, o conhecedor, a esfera do sujeito, a subjetividade. Temos a seguir a *transcendência*, o mundo do além, que ultrapassa os outros dois. Primeiro, temos o mundo objetivo, depois o mundo subjetivo e finalmente nem um nem outro: só o remanescente. O remanescente, a consciência que transcende a ambos, é *parabrahman*, o além, a existência absoluta, o absoluto.

Comece pelo negativo, chegue ao positivo e alcance o além, onde os dois se dissolvem – ou onde os dois se tornam um, ou onde os dois são conhecidos como um. O certo é que a dualidade desaparece.

Aquilo que ilumina o mundo das experiências afins vive na vigília, no sonho e no estado de sono profundo.

Esse Brahman sou eu: quando percebe isso, a pessoa se liberta de todas as cadeias.

Conhecendo isso, percebendo isso, encontrando isso – "Eu sou o Brahman que transcende tudo, que se expressa em tudo, que é o negativo, o positivo e o mais além" – nós somos libertados, tornamo-nos livres. Ou melhor, tornamo-nos a liberdade.

Esta é a ânsia religiosa, a sede religiosa: como se libertar, como ser totalmente livre, como superar o sofrimento, como gozar a bem-aventurança eterna. Você só alcança isso quando transcende a dualidade.

Comece pela eliminação e chegará à realização positiva, que também se dissolverá. Só o que tem a fazer é eliminar. Em seguida, entrará naturalmente, sem nenhum esforço, no positivo. Você não precisa fazer nada; o positivo desaparece por si mesmo porque só pode existir com o negativo. Quando o negativo não está presente, você tem um vislumbre do positivo, que logo se dissolve: ele não pode existir sem o negativo.

Portanto, você só precisa se empenhar no processo de eliminação, de meditação – nada mais. O resto vem automaticamente. Renunciar ao que não somos é o alfa e o ômega, ou seja, tudo: o começo e o fim.

concentre-se no anfitrião

Não sou nem o que faz nem o que experimenta.

Sou apenas uma testemunha de toda manifestação.

Por estar próximo a eles é que o corpo e tudo o mais

parecem conscientes e funcionam de acordo com essa consciência.

Sou o imutável, o eterno.

Sou a morada perpétua da bênção, da pureza e do conhecimento.

Eu sou todo-poderoso.

Sou a alma pura

que, como testemunha, se acha em todos os seres sensíveis.

Quanto a isso, nenhuma dúvida resta.

Sarvasar Upanishad

Como ocorre essa servidão?
Por que nunca sentimos que estamos no corpo e sim que somos o corpo?

O eu-testemunha jamais é sentido. Sempre percebemos uma certa identidade, uma certa identificação. E a consciência que testemunha é a realidade. Por que isso acontece? E como? Você está sofrendo – o que, realmente, acontece dentro de você? Analise o fenômeno todo. O sofrimento está ali e há a consciência de que ele está ali. Estes são os dois pontos a considerar: a presença do sofrimento e a consciência da presença do sofrimento. Mas não existe espaço entre as duas coisas, por isso o que sinto é "Eu estou sofrendo". E não só: cedo ou tarde, isso se transforma em "Eu sou o sofrimento".

"Eu sou o sofrimento, eu estou sofrendo, eu estou consciente de que sofro" – esses são três estados diferentes, muito diferentes. O rishi diz: "Estou consciente de que sofro". Isso é possível quando se transcende o sofrimento. A consciência o transcende. Você é diferente dele, há entre você e ele uma profunda separação. Na verdade, nunca houve nenhum vínculo entre ambos; o vínculo se estabeleceu somente por causa da proximidade, por causa da íntima contiguidade de sua consciência e do que acontece ao redor.

A consciência está muito próxima; quando você não sofre, ela se posta nas imediações. Tem de ser assim, do contrário o sofrimento não pode ser evitado, a dor não pode ser curada. A consciência precisa estar por perto para sentir a dor, conhecê-la, percebê-la. No entanto, justamente por causa dessa proximidade, você se identifica com ela, torna-se um com ela. É, de novo, uma medida de segurança, uma proteção natural. Quando há dor, você tem de estar nas vizinhanças, quando há dor sua consciência pre-

cisa correr em direção a ela – para senti-la ou evitá-la.

Você está andando pela rua e vê uma cobra à sua frente – toda a sua consciência se transforma num pulo. Nem um segundo pode ser perdido, sequer para pensar no que fazer. Não há espaço entre a percepção e a ação. Você precisa estar muito perto, do contrário isso não acontece. Quando seu corpo sofre dor, doença, desconforto, você precisa estar perto; do contrário, a vida se interrompe. Se você estiver longe e não sentir a dor, morrerá. A dor tem de ser sentida imediatamente, sem intervalo. A mensagem tem de ser recebida na hora, para que sua consciência corra até o local e faça alguma coisa. Por isso, a contiguidade é necessária.

Todavia, em decorrência dessa necessidade, outro fenômeno ocorre – muito perto, você se torna um; muito perto, você começa a sentir que "isto sou eu, esta dor sou eu, este prazer sou eu". Em consequência da proximidade, ocorre identificação; você se torna cólera, amor, sofrimento, alegria.

O rishi ensina que há duas maneiras de você se dissociar dessas falsas identidades. Você não é o que pensava, sentia, imaginava, projetava.

Você é, pura e simplesmente, o fato de estar consciente. O que quer que aconteça, permanece apenas consciência. Você é consciência, uma identidade que não pode ser rompida. Que não pode ser negada. Tudo o mais pode ser negado, repelido. A consciência continua sendo o substrato último, a base primordial. Você não pode negá-la, repeli-la, dissociar-se dela.

Eis o processo: aquilo que não pode ser jogado fora, que não pode ser isolado de você é você; aquilo que pode ser isolado de você não é você. A dor se apresenta; um momento depois pode desaparecer, mas você não. A alegria veio e se foi; existia e não existe mais – mas você existe. O corpo é jovem e depois envelhece... Tudo vem e vai; os convidados entram e saem, mas o anfitrião fica onde está.

Por isso os místicos zen dizem: não se perca na multidão dos convidados. Lembre-se de que você está na condição de anfitrião e de que essa condição é consciência. O anfitrião é a consciência que observa. Qual é o elemento básico que permanece sempre o mesmo em você? Seja apenas ele e rompa a identificação com tudo aquilo que vem e vai. Sucede, porém, que nos identificamos com os convidados: o anfitrião está tão ocupado com eles que esquece de si mesmo.

Mullá Nasruddin deu uma festa para alguns amigos e estranhos. Todos estavam entediados, metade da noite já decorrera e aquilo não tinha fim. Então um estranho, ignorando que Mullá era o anfitrião, confidenciou-lhe: "Nunca vi uma festa tão chata quanto esta, tão ridícula. Parece que não acaba nunca e estou tão entediado que gostaria de dar o fora".

Mullá concordou: "Você me disse exatamente o que eu ia lhe dizer. Eu também nunca vi uma festa tão ridícula e chata, mas não consegui ser tão corajoso como você. Acho que vou acompanhá-lo". E ambos se foram.

Mas, na rua, Mullá se lembrou de quem era e disse: "Algo está errado, pois agora me recordo de que sou o anfitrião! Por favor, me desculpe, tenho de voltar".

Isso acontece com todos nós. O anfitrião se perde, é esquecido a todo instante. O anfitrião é o seu eu-testemunha. A dor vem e o prazer vem atrás, há desespero e alegria. E, a todo instante, você se identifica com o que vem; torna-se o convidado. Não se esqueça do anfitrião. Em presença do convidado, lembre-se do anfitrião.

Há muitos tipos de convidados, os agradáveis, os insuportáveis – convidados de quem você gosta, convidados de quem não gosta, convidados que gostaria de receber, convidados que gostaria de evitar. Mas são todos convidados.

Lembre-se do convidado. Nunca se esqueça dele. Concentre-se nele. Permaneça em seu papel de anfitrião. Assim haverá separação, espaço, intervalo; a ponte caiu. No momento em que a ponte cai, o fenômeno da renúncia ocorre. Então você está nele, não é ele. Então você está no convidado sem deixar de ser o anfitrião. Você não precisa fugir do convidado, não há nenhuma necessidade disso.

Assim, você pode estar na multidão e sozinho. Se não conseguir ficar sozinho na multidão, jamais conseguirá ficar sozinho em parte alguma, pois a capacidade de isolar-se na multidão é necessária para isolar-se

> *A dor vem e o prazer vem atrás, há desespero e alegria.*

quando realmente não houver ninguém por perto. De outro modo, se você não puder ficar sozinho na multidão, a multidão ficará com você quando estiver sozinho. A mente se tornará ainda mais superlotada, já que tende a sentir mais a ausência que a presença.

Se a criatura amada estiver presente, você pode esquecê-la com muita facilidade. Mas se não estiver, não consegue esquecê-la. A mente tende a sentir mais a ausência porque, com a ausência, vem o desejo – e a mente é só desejo. Então a mente sente a ausência, do contrário não poderia desejar. Se você esquecer a ausência, o desejo se tornará impossível. Assim, esquecemos as presenças e continuamos sentindo as ausências. O que não existe é desejado; o que existe é esquecido.

Nesse caso, quando você estiver sozinho, a multidão o acompanhará, o seguirá. Se fugir dela, ela o perseguirá. Portanto, não tente escapar – é impossível. Fique onde está, mas não se concentre no convidado, concentre-se em você mesmo. Lembre-se do anfitrião, que é você em toda a sua pureza. Não se apaixone pelo convidado nem o odeie.

Realmente, o termo apaixonar-se [to fall in love] é muito bom. Por que "cair" [to fall]? Por que não "levantar-se" [to rise]? Ninguém se levanta no amor, todo mundo cai no amor. Por quê? Qual o motivo dessa queda? Realmente, no momento em que ama ou odeia, você cai de sua condição de anfitrião. Renega essa condição. Torna-se o convidado. Isso é sofrimento, isso é confusão, isso é escuridão.

Onde quer que você esteja – fazendo alguma coisa, não fazendo, sozinho, na multidão, ativo, inativo – não se esqueça do anfitrião. "O que acontece, seja lá o que for, é apenas o convidado e eu sou o anfitrião." E não se identifique com nada. A cólera entra; lembre-se: você é o anfitrião, a cólera não passa de um convidado. Ela entrou e vai sair.

Eis uma história sufi. Um grande imperador pediu a seus sábios que lhe ensinassem um mantra capaz de ser usado em qualquer situação perigosa ou fatal – qualquer uma. Ele queria um conselho particular, um mantra, a essência de toda a sabedoria para empregar em quaisquer circunstâncias, sempre que houvesse perigo.

Os sábios ficaram confusos, perturbados, angustiados. Não conseguiam encontrar a essência de toda a sabedoria. Resolveram procurar um místico sufi, que lhes deu um pedacinho de papel e recomendou: "Isto só deve ser lido em caso de perigo real! O conselho está aí". O rei então colocou o papel sob o diamante de seu anel.

O perigo sobreveio em muitos momentos, mas o sufi fora enfático: "Quando você sentir que o perigo é supremo, que nada pode ser mais perigoso, só então deverá ler o papel!". Muitos perigos vieram e se foram, mas o rei sempre achava que algo ainda mais perigoso poderia acontecer. A própria morte se aproximou e ele continuou na cama – e não abriu o anel, pensando que um perigo maior era possível.

Os sábios, porém, pediram: "Agora tire o papel, por favor. Queremos saber o que está escrito nele". Mas o rei retrucou: "A promessa deve ser cumprida. Na verdade, agora já não importa saber o que diz esse papel. O mantra me foi muito útil. Depois de tê-lo comigo, nunca mais senti perigo algum. Qualquer que fosse ele, eu sempre achava que poderia haver outro pior e continuei sendo o anfitrião. Nunca me identifiquei com o convidado". Com efeito, o perigo à vista só é o maior possível quando nos identificamos com ele, momento em que qualquer coisa passa a ser vista como a pior de todas – qualquer coisa! As mais corriqueiras se tornam enormidades e nós ficamos perturbados.

O rei prosseguiu: "Agora já não me preocupo com o conteúdo do papel. O sufi é homem douto, tem conhecimento das coisas. Não me importa saber o que ele escreveu". O rei expirou sem abrir o anel. E a primeira coisa que os sábios fizeram logo depois foi abri-lo. Não havia nada escrito

> *Portanto, concentre-se em seu anfitrião e lembre-se: nada acontece a você.*

no papel; nenhuma palavra, nenhum conselho. Mas a recomendação funcionara; o mantra fora útil.

Portanto, concentre-se em seu anfitrião e lembre-se: nada acontece a você. Tudo o que acontece são os convidados, os visitantes; eles vêm e vão. E é bom que façam isso; assim, você se enriquece, se torna mais maduro. Mas não os siga, não se deixe envolver por eles, não se torne um com eles. Não ame nem odeie, não se identifique com nada.

Permaneça o anfitrião, pois assim o acontecimento final sobrevirá, a explosão final se tornará possível.

Depois que a alma-testemunha for conhecida, você nunca mais será o mesmo. O mundo inteiro desaparecerá e você se transfundirá numa nova dimensão de bem-aventurança. Identificação é sofrimento; não identificação é bem-aventurança. Amar ou odiar o hóspede é sofrimento. Transcendê-los e concentrar-se em si mesmo é bem-aventurança.

quando o aqui e o ali se tornam um

A aparência das coisas é imposta ao eu. Eliminando-a, o eu se torna o Brahman absoluto, íntegro, sem igual e sem ação.

A aparência do eu, sob o aspecto do mundo da divisão, é falsa porque aquilo que não muda, que não tem forma nem órgãos não é divisível.

O eu consciente é livre do sentimento do observador, da observação e do observado. É inocente e pleno como o oceano do dilúvio final, que destrói a totalidade da existência.

Assim como as trevas dissolvem a luz, assim a causa da ilusão se dissolve no Supremo que não tem igual. E, dado que o Supremo não tem órgãos, como poderia ser divisível?

Dado que a realidade superior é uma, como haveria nela divisões?

No sono profundo sem sonhos, sushupti, só existe a bem-aventurança. Poderia ela, acaso, ser dividida?

Adhyatma Upanishad

Este Upanishad, em essência, se insurge contra a mente. Mas não apenas ele; todas as lições do Upanishad se insurgem contra a mente.

Na verdade, a religião se opõe à mente porque a mente cria todas as ilusões, todos os sonhos. Ela cria tudo aquilo que chamamos de mundo. A mente é o mundo; esforce-se por compreender essa verdade, que é uma das verdades fundamentais.

Em geral, pensamos estar vivendo todos num mundo só. Isso é absolutamente falso. Você vive em seu mundo, eu vivo em meu mundo; quantos mundos houver, outras tantas mentes haverá. Cada mente é um mundo próprio. Minha mente cria meu mundo; sua mente cria seu mundo.

O poeta vive em seu mundo. O cientista nunca entra nesse mundo, não pode entrar. O cientista e o poeta podem ser vizinhos, mas constituem polos opostos. O cientista atravessa um jardim e olha para uma flor, mas essa flor não é vista. Ele olha para a estrutura da flor, não para a própria flor. Ele não consegue ver a flor do poeta, nunca.

Quando o cientista olha para uma flor, o que enxerga é um fenômeno químico. Esse fenômeno representa um mistério para ele, mas um mistério que pode ser decodificado. É desconhecido, mas não incognoscível. Será conhecido – se não hoje, então amanhã, mas sempre é um mistério que pode ser desmistificado. A razão é capaz de penetrar sua estrutura e descobrir o que essa flor é e como desabrocha: a estrutura material, a estrutura atômica pode ser conhecida, penetrada. Portanto, a flor nunca é um mistério para o cientista do mesmo modo que é um mistério para o poeta.

Quando o poeta passeia pelo jardim e olha aquela flor, não vê a mesma flor que o cientista viu. Entendamos bem isso. A mesma flor é olhada por duas mentes – uma com atitude científica, a outra com atitude poética. A flor é e não é uma só porque o cientista pensa numa flor diferente – química, elétrica, material, estrutural. Pensa em termos de átomos; pensa em como essa flor é o que é. Qual o seu mecanismo? De que modo esse mecanismo funciona?

O poeta não liga de modo algum para átomos, matéria, moléculas, mecanismos, estruturas. Não, o poeta aprecia a beleza, de que o cientista nunca se dá conta. O poeta se dá conta de um certo mistério a que chama beleza, mistério que não é o mesmo e que, para ele, jamais poderá ser desvendado. Se puder, não é mistério.

Para o poeta, mistério significa aquilo que permanecerá incognoscível, mas não desconhecido. O desconhecido pode vir a ser conhecido; em tese, não há dificuldade em conhecê-lo. O incognoscível, ao contrário, é aquilo que não pode ser conhecido – nunca! Aos olhos do poeta, uma flor permanecerá para sempre misteriosa. Esse mistério é sua beleza e a beleza não tem estrutura; a beleza não tem moléculas, átomos, mecanismo. O que é a beleza? Algo imaterial, não material – que, na verdade, o poeta não vê, mas sente.

Podemos levar também, a passear no jardim, um místico – um santo, um sufi, um monge zen. Para ele, a flor não é nem uma estrutura científica a ser compreendida, analisada e conhecida nem beleza, sensação poética, estética. Não: um místico, ao observar uma flor, se torna a própria flor. As barreiras se dissolvem. A flor não está lá e o místico aqui – aqui e lá se tornam uma só coisa. Por isso o místico pode dizer: "Desabrochei em você".

A divisão não está presente. O místico penetra no próprio espírito da flor – ou a flor penetra no místico, tornando-se uma só coisa com ele. Um sentimento de unicidade, de unicidade divina, desce sobre o místico.

O cientista se aproxima da flor por meio do intelecto; o poeta se aproxima da flor por meio do coração; e o místico se aproxima da flor por meio de sua totalidade, de sua plenitude. A flor é e não é a mesma porque três mentes criam três mundos e esses mundos nunca se encontram. O poeta não poderá jamais entender de que flor o cientista está falando. O cientista não poderá jamais entender o poeta, que lhe parece pueril, absurdo; nem o místico, que para ele é um louco: "O que quer dizer com isso de se tornar você próprio a flor? Ficou maluco? Como pode alguém se transformar numa flor? E como pode uma flor se transformar em alguém?". A ciência depende da divisão, por isso o mundo não dividido do místico é uma insensatez; o místico é louco.

Segundo alguns estudos psicológicos sobre Jesus, ele era neurótico, desequilibrado. Mahavira, Krishna e Buda felizmente escaparam por enquanto. Mas cedo ou tarde um psicólogo afirmará que também foram loucos – não porque o tenham sido realmente, mas porque a abordagem deles é diferente. Eles falam de mundos diferentes, em diferentes linguas. Não se encontram conosco, não se comunicam conosco. É difícil comunicar poesia em linguagem científica; é difícil comunicar ciência em linguagem poética. Se você criar poesia com base na ciência, o caráter científico da obra se perderá. Se tentar traduzir poesia em linguagem científica, a beleza desaparecerá: a poesia não pode ser traduzida.

Por isso as escrituras indianas, apesar de traduzidas inúmeras vezes, permanecem não traduzidas. Não podem ser traduzidas. Foram escritas em linguagem poética, eis o problema.

Se você escrever qualquer coisa em linguagem poética, ninguém conseguirá traduzi-la. Com a prosa é diferente, pois a prosa é racional. A poesia não pode ser traduzida porque é a expressão do irracional, em que o importante são os sentimentos e as emoções.

Quanto ao misticismo, à sabedoria dos místicos [...] também isso não se pode traduzir. É que essa sabedoria nada tem a ver com a linguagem; tem a ver com o ser, com a totalidade. Buda, olhando o mundo, diz palavras intraduzíveis. Por quê? Porque o olhar de Buda é tão vasto, tão abrangente que nenhuma palavra é capaz de exprimir o que ele vê.

Não sei se você sabe disto: durante quarenta anos, Buda teve como ponto de honra não responder a onze perguntas enquanto pregava. A onze perguntas ele não respondia nunca: e eram as mais fundamentais. Realmente, é um milagre aceitarmos Buda como um homem iluminado, porquanto essas onze perguntas são básicas para a religião. Deus, alma, *moksha* – são algumas delas. Buda dizia a seus seguidores: "Jamais façam essas perguntas. Vocês podem fazer todas, menos essas onze".

Um de seus discípulos, Mahakashyap, ponderou: "Entretanto, elas são as principais. Se não as fizermos, não nos restará nenhuma a fazer. Você está querendo nos pregar uma peça. Nessas onze perguntas, você incluiu todas as demais. Se não podemos perguntar sobre Deus, se não podemos perguntar sobre a alma, se não podemos perguntar sobre libertação, então vamos perguntar sobre o

quê? São perguntas básicas; portanto, não insista em deixá-las sem resposta".

Buda disse: "Justamente por serem básicas é que não vou responder a elas. São tão abrangentes que nenhuma palavra consegue exprimi-las; e tudo o que eu exprimisse seria errôneo. Portanto, não as façam, embora eu não os proíba de conhecê-las. Vou lhes dar métodos; com esses métodos, poderão conhecê-las. Mas não falarei sobre elas".

Com efeito, a religião não dá respostas; dá apenas métodos. Esses métodos nos fornecem algumas perspectivas, algumas situações a partir das quais podemos contemplar e investigar problemas. Mas respostas a religião não dá.

Cada mente é um mundo em si mesmo. Por isso há tantos conflitos. Ninguém se entende.

Você pode viver com sua esposa por quarenta, cinquenta anos – mas já reparou que não há uma linguagem comum entre ambos? O marido diz uma coisa, a esposa entende outra. Vivem juntos há quarenta, cinquenta anos – qual é então o problema? Por que não são capazes de entender as palavras e as definições do cônjuge? É difícil: cada qual tem sua mente. E cada mente tem seu próprio mundo, de modo que tudo quanto penetrar nele assume forma e cor próprias. O marido tem seu mundo e o que diz significa alguma coisa de acordo com sua maneira de pensar. Quando suas palavras penetram no mundo da esposa, transformam-se em outra coisa. Os dois mundos nunca se encontram.

Só existe encontro onde existe silêncio; não existe encontro onde existe conversa. Por isso o amor é silencioso. Quando amamos alguém, não falamos, apenas estamos presentes um para o outro. A conversa cessa. Portanto, lembrem-se: quando dois amantes começam a falar, já não há amor entre eles. Quando ficam em silêncio, o amor existe – no amor, podem entender-se muito bem. Por quê? Porque, no amor, a mente não tem permissão para estar. A linguagem se ausenta, a conversa cessa, não se proferem mais palavras – a mente deixou de funcionar. Por alguns poucos instantes, ela não funciona e o amor se torna comunhão. A conversa acaba desandando em debate, discussão, controvérsia. Você diz uma coisa e o cônjuge entende outra. Dizer algo é ser mal compreendido porque você tenta se aproximar de um mundo diferente, com diferentes atitudes, diferentes orientações, diferentes linguagens. Não existe um mundo único: tantas mentes, tantos mundos.

Por que insistir nessa postura? Apenas diga a si mesmo que, na verdade, existe um mundo só, ao qual, no entanto, você só terá acesso depois de sua mente se dissolver. Se continuar apegado à sua mente, continuará criando seu próprio mundo, projetando seu próprio mundo. Quando a mente já não existe, você encontra a unicidade, a existência indivisa e indiferenciada.

Essa existência é bem-aventurança.

Essa existência é consciência.

Essa existência é verdade.

> *Com efeito, a religião não dá respostas; dá apenas métodos.*

Sempre que você se mover rumo à religião, se moverá rumo à não mente. Jogue fora a mente e permaneça sem mente, mas consciente. Se permanecer sem mente e consciente, penetrará na camada mais profunda da existência.

No entanto, lembre-se: permanecer sem mente não é o bastante, pois no sono profundo, sem sonhos, todos ficamos sem ela.

A psicologia indiana divide a consciência humana em três etapas: o sono profundo, sem sonhos; acima deste, o sono com sonhos; e, na superfície, a vigília. De manhã, você se levanta da cama e entra no estado de vigília. À noite, vai para a cama e entra no estado de sono com sonhos. Mais tarde, os sonhos desaparecem e você mergulha no abismo do sono sem sonhos – conhecido como *sushupti*.

No sono sem sonhos não há mente porque não há pensamento, sonho ou agitação; tudo cessa, a mente se dissolve e você fica [...] sem mente. Daí a recomendação: "Estejam atentos e não pensem". Essa é a única diferença entre *samadhi* e *sushupti*: *samadhi* é o ponto mais alto do êxtase e *sushupti*, o centro mais profundo do sono sem sonhos. Não há outra diferença; em tudo o mais, são uma coisa só. Em *sushupti*, não há mente; em *samadhi*, também não. Em *sushupti*, você está inconsciente; em *samadhi*, totalmente consciente. A consciência, porém, é a mesma. Em um estado, há trevas; no outro, há luz.

Graças à meditação, mergulhamos num sono sem sonhos e, ainda assim, permanecemos alerta. Quando isso acontece, a gota cai no oceano e se transforma em oceano.

quando o aqui e o ali se tornam um 113

você está indo... para lugar nenhum

A sabedoria é fruto da ausência de apego.

A ausência de desejo é fruto do conhecimento.

E a paz que sobrevém dessa experiência de bem-aventurança interior é fruto da ausência de desejo.

O que não acontece a partir

de algum dos passos acima mencionados indica que o passo anterior foi infrutífero.

Evitar os objetos de gozo é o maior dos contentamentos; e a bênção do eu é, em si, incomparável.

Adhyatma Upanishad

Muitas coisas precisam ser bem compreendidas – e não só bem compreendidas como vividas. A primeira é que conhecer não é saber.

Conhecimento e sabedoria são dimensões diferentes. Conhecimento é informação. Você pode reuni-lo, acumulá-lo; pode se tornar uma pessoa muito culta, mas isso não lhe dará sabedoria. Sabedoria é experiência.

Conhecimento é informação. Por exemplo, você pode conhecer tudo o que se disse a respeito de Deus em toda parte, em todos os tempos, por todas as pessoas. Pode reunir informação sobre Deus por intermédio de Krishna, Cristo, Maomé, Mahavira, Confúcio, Lao-tsé e milhares de outros. Você pode decorar todas as escrituras do mundo. Pode se tornar a Bíblia, o Gita, os Vedas – mas continuará o mesmo. O conhecimento não o afetará em absoluto; você ficará incólume. O conhecimento será muito em sua cabeça e nada em seu coração. A cabeça continuará crescendo, mas o coração continuará do mesmo tamanho. Pode acontecer – e, infelizmente, acontece com frequência – que a cabeça fique grande e o coração seja esquecido por completo.

O coração é o centro da sabedoria; a cabeça é o centro do conhecimento. Você sabe por meio do coração e conhece por meio da cabeça. A personalidade orientada pela cabeça pode conhecer muito sem saber nada. Você pode conhecer tudo a respeito de Deus e não saber o que é Deus. Para saber o que é Deus, temos de morrer antes; mas para conhecer a respeito de Deus nenhuma transformação interior é necessária. Para conhecer a respeito de Deus, podemos permanecer tais quais somos – mas para saber o que é Deus, precisamos nos transformar antes. Você não fará isso sem se transformar, não será aceito tal qual é.

A sabedoria exige uma transformação prévia.

Sua totalidade terá de ser reajustada; só depois você adquirirá a sabedoria. Você pode conhecer muita coisa sobre o amor – poetas que geralmente ignoravam o que é o amor escreveram sobre esse tema, mas seus poemas não passam de substitutivos. Se você

sabe o que é o amor, muito bem; se não, a coisa é diferente – a qualidade é diferente. A diferença é qualitativa, não quantitativa.

Poetas escreveram sobre o amor – e esse conhecimento você pode adquirir. Você pode cantar o amor, pode se tornar um mestre no conhecimento do amor, pode redigir uma tese de doutorado sobre o amor – mas isso não significa saber o que é o amor. Para saber o que é o amor, bibliotecas são dispensáveis. Para saber o que é o amor, cumpre ter um coração amoroso; escrituras são inúteis, só o coração amoroso é imprescindível.

Este sutra diz: conhecer não é saber. Não se deixe enganar pelo conhecimento. Lembre-se: conhecimento não é sabedoria. Se você quiser ser sábio, renuncie a ser conhecedor.

Mas como adquirir a sabedoria? Adquirir o conhecimento é fácil: há escolas, colégios, universidades – todo o mecanismo do conhecimento se acha à nossa disposição. Mas como adquirir a sabedoria?

A sabedoria provém do esforço individual, o conhecimento é fruto do esforço social. A sociedade precisa do conhecimento porque cada geração deve transmiti-lo à geração seguinte. Os professores são o traço de união; eles passam, às novas gerações, um conhecimento que vai se acumulando mais e mais. A sociedade precisa do conhecimento porque, sem ele, não pode funcionar.

Já o indivíduo precisa de sabedoria, pois jamais alcançará a bem-aventurança sem saber por meio do coração. A sociedade não está interessada na sabedoria. O esforço tem de ser individual. Que esforço? Eis os passos.

A sabedoria é fruto da ausência de apego. Isto parece absurdo: "A sabedoria é fruto da ausência de apego", *vairagya*.

Bela palavra sânscrita essa, *vairagya*. "Não apego" traduz seu significado, mas só em parte. *Vairagya* descreve aquele que abandonou o mundo, que reconheceu a futilidade do mundo, que descobriu ser impossível alcançar a bem-aventurança por meio dos sentidos. *Vairagya* significa que a busca exterior é vã, conforme se conclui apenas por intermédio da experiência.

Essa conclusão não pode ser transmitida a você. Se outra pessoa diz: "Este mundo é fútil", tal conclusão não se tornará a sua conclusão. Você terá de passar pela mesma experiência, plenamente consciente. Quando sentir um desejo, acate-o com total consciência e, depois de realizá-lo, observe com atenção o que ocorreu: se a expectativa foi atendida ou frustrada. Vá acatando os

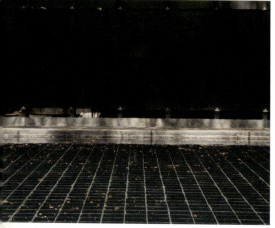

desejos, sempre alerta, e por fim compreenderá que todos eles são vãos, que todo apego é sem sentido; desejos só criam sofrimento, nunca bem-aventurança. *Vairagya* alude a essa conclusão alcançada por meio da lucidez, da experiência – a sabedoria é fruto de *vairagya*, do não apego.

Por quê? Por que a sabedoria é fruto do não apego? Porque, quando você não está preso ao mundo, de repente se interioriza. Não há para onde ir; todas as direções externas foram suprimidas pelo não apego. Não há dimensão na qual você possa se mover; você não pode sair, de modo que sua consciência, pela primeira vez, regressa ao lar. Interioriza-se.

Os Upanishads ensinam que existem onze direções. Oito delas nós conhecemos: norte, sul, leste, oeste etc. Mas, além dessas oito, há mais duas (para cima e para baixo): portanto, dez. Essas dez são para fora; a décima primeira é para dentro. Quando as dez direções se tornam fúteis, temos *vairagya*. Mas a energia precisa mover-se. Energia significa movimento, ela não pode permanecer estática. As dez direções que a energia vem percorrendo há milênios se tornaram fúteis; essa compreensão é *vairagya*. Agora você não quer mais mover-se para o mundo exterior. Subitamente, a energia que estava sendo dissipada fora começa a se mover para dentro. E quanto mais ela entra, quanto mais se aproxima do centro, mais una vai se tornando.

Trace um círculo e caminhe da circunferência para o centro. Você pode traçar muitas linhas que levem da circunferência para o centro. Duas linhas traçadas dessa maneira vão se aproximando uma da outra à medida que avançam para o centro. Elas vão se aproximando cada vez mais e acabam por se encontrar no centro. Quando a energia dissipada em dez direções começa a se mover para o centro, todos os seus fluxos vão ficando cada vez mais perto um do outro, para finalmente se encontrar e se cristalizar no centro, transformando-se numa chama. Essa cristalização intensa que se transforma numa chama recebe o nome de sabedoria.

Graças a ela, pela primeira vez seu mundo é iluminado. Já não há escuridão. Agora você se move em plena luz; agora você tem luz em seu interior.

A energia concentrada se torna luz. A energia concentrada, a energia cristalizada se torna luz interior. Isso é sabedoria.

A ausência de desejo é fruto do conhecimento. De novo, a palavra sânscrita é bela: *uparati*. *Uparati* significa descontração total. O conhecimento é fruto de *vairagya*. A sabedoria é fruto do desapego, da energia que não se move para fora.

Repito: a sabedoria é fruto da energia que não se move para fora.

Não havendo sabedoria e não havendo chama interior, então você pode estar certo de que seu desapego foi falso, um pseudodesapego. Chama

interior e sabedoria só existem quando o desapego é real, autêntico, não emprestado.

Afirmo que a sabedoria vem do desapego. Portanto, você deve se esforçar para não ser apegado – evitar o empréstimo, pois do contrário a sabedoria não vem. A vida é um processo autêntico; não se pode tomar nada emprestado de ninguém. Você tem de viver, de avançar, de buscar experiências, de realizar-se. Eu lhe digo: "A sabedoria vem por intermédio de *vairagya*". E você procura desapegar-se – um esforço que não ajudará em nada. Você se torna um *vairagi*, um "homem não apegado", mas sem conhecimento nem sabedoria. Esse *vairagya*, esse desapego é um empréstimo, não uma conclusão sua. É coisa estranha a você: alguém a disse e ela entrou em sua mente; não foi sua mente que chegou a essa conclusão.

Este sutra diz que a sabedoria então não vem, pois o primeiro passo foi fútil, falso, ilegítimo. Se a chama da sabedoria estiver presente, você terá uma profunda sensação de relaxamento. Isso é *uparati* – descontração profunda, existencial. Não física, não mental – mas existencial, descontração existencial completa. O que significa descontração completa, *uparati*? Significa energia que não se move para parte alguma – nem mesmo para o interior.

Primeiro, a energia se move para fora em dez direções. Depois, começa a se mover para dentro, numa direção – mas sempre é movimento. O movimento não se descontrai; cria seu próprio impulso, seu próprio esforço, sua própria labuta; todo movimento é labuta. Quando a energia dirigida para dentro se torna uma chama, o movimento cessa; toda motivação se perde. Pela primeira vez, a energia não se move, apenas é. Você então está indo [...] para lugar nenhum.

Primeiro, as dez direções se tornam fúteis; em seguida, a décima primeira se torna fútil também. Você não se move nem para fora nem para dentro; não se move em absoluto. Isso é descontração total, isso é *uparati*. Sua existência se descontraiu. Pela primeira vez você é somente existência e nada mais – simplesmente existência. Se a descontração total, *uparati*, não vier depois da sabedoria, então essa sabedoria era falsa, fictícia. Então você enganou a si mesmo, talvez citando escrituras. Pediu conhecimento emprestado e pensou que esse conhecimento era seu.

Enganamo-nos. Os panditas são os grandes enganadores de si mesmos. Repetindo, lendo sem parar, começam a supor que sabem. Não sabem, mas pensam que sabem. Isso é auto-hipnose. Se você ler repetidamente o Gita, a Bíblia ou o Alcorão – vida após vida –, essa repetição constante gerará a auto-hipnose. Você imaginará que sabe. Na verdade, apenas conhece muito! Então, é fatal que aconteça: o engano, a sensação de saber. Saber tudo! De fato, se Jesus fosse competir com você em erudição, perderia a parada. Se o próprio Krishna quisesse competir com um pandita, levaria a pior porque Krishna não conseguiria repetir o Gita palavra por palavra; isso seria impossível. Só um pandita consegue repetir o Gita exatamente como ele é. Para um Krishna, a repetição é inviável. Se disser alguma coisa, suas palavras se transformarão

num outro Gita; o mesmo Gita, porém, não pode ser repetido. Krishna não se lembrará do que disse em Kurukshetra a Arjuna, mas um pandita pode repetir seu discurso.

O saber não é repetitivo; o conhecimento é repetitivo; conhecer é reproduzir mecanicamente.

O saber é a experiência existencial.

Portanto, se seu conhecimento for apenas conhecimento e não sabedoria, a descontração total, *uparati*, não ocorrerá. Se você encontrar um sábio autêntico, ele estará totalmente descontraído como uma criança. Totalmente. Aliás, não se pode dizer que uma criança esteja totalmente descontraída. Ela é como uma flor, que não está totalmente descontraída porque se move, sua energia se move; uma criança se move. A descontração total é incomparável, única. Não há comparação para ela.

O silêncio e a paz interior são consequências da descontração total. O silêncio interior, *shanti*, e a paz interior provêm da descontração total. Quem está totalmente descontraído fica em silêncio. Nele, nada acontece então. Não há acontecimentos porque todo acontecimento é ruído, todo acontecimento faz seu próprio barulho. Então, não há nenhuma experiência interior porque toda experiência perturba o silêncio.

O homem totalmente descontraído permanece em silêncio absoluto. Nada acontece nele. Ele é; simplesmente, ele é. Não há experiências então – nenhuma experiência, lembre-se bem disso.

Você não terá visões porque visões perturbam. Não verá luzes, não ouvirá sons; não estará tendo uma entrevista com Deus. Nenhuma experiência. Agora, silêncio quer dizer ausência de experiência.

Tudo se foi. Você se tornou existência pura – sem conhecedor, sem conhecido, sem aquele que experimenta e sem aquilo que é experimentado.

Isso é silêncio.

Se o silêncio não se seguir à descontração total, *uparati*, então essa descontração foi ilusória; não foi total. Pode ter sido descontração física ou psicológica, mas não total. Não foi uma descontração espontânea; você sem dúvida a forçou.

Podemos forçar até a descontração. Podemos nos impor atitudes. Podemos nos impor o silêncio, sentando-nos como um buda, como uma estátua de buda de olhos fechados, como pedra – mas, por dentro, continuaremos as mesmas criaturas tolas. Não fará diferença alguma. A tolice não pode ser expelida; não podemos expeli-la, pois quem a expeliria? Seria a mesma mente tola forçando a si própria: um círculo vicioso. Podemos encontrar muitas mentes tolas, sobretudo na Índia, onde não faltam pessoas sentadas como budas. Elas forçaram essa atitude, transformaram-se em estátuas; mas dentro não aconteceu nada porque ali não existe o silêncio, consequência inevitável da descontração total.

Estou me lembrando... Rinzai, um dos maiores mestres zen, sempre fazia estas perguntas a quem o procurava para ser seu discípulo: "O que você quer? Por que veio até mim?". Geralmente, os candidatos respondiam: "Quero ser como Gautama Buda, Sakyamuni. É esse o meu desejo". E ele retrucava: "Suma-se daqui porque já temos mil budas de pedra no templo e não precisamos de mais. Suma-se e não volte. Esta casa, este templo já está cheio de budas". Rinzai vivia num templo onde havia realmente mil budas de pedra. Por isso dizia: "Vá embora. Não há mais lugar, já está lotado". E ele amava Buda; reverenciava Buda acima de tudo, mas ressaltava: "Não é por se sentar como um buda que você se torna igual a Buda. Você pode forçar-se a isso, mas a chama espontânea não brota assim. Tente, pois, ser você mesmo e não um Buda".

Você pode tentar ser um Buda, mas como poderá tentar ser você mesmo? Renuncie a todos os esforços, não procure mais ser outra pessoa. Então, será você mesmo – e ser você mesmo é descontração. Se quiser ser um Buda, um Jesus ou um Krishna, jamais ficará descontraído. O próprio esforço para ser alguém mais já é fadiga, tensão, angústia, conflito.

Portanto, quando não se segue o silêncio, a descontração é forçada.

Evitar os objetos de gozo é o maior dos contentamentos.
E a bênção do eu
é, em si, incomparável.

Se você der estes quatro passos, *vairagya, gyan, uparati, shanti* – desapego, sabedoria, descontração total e silêncio absoluto – encontrará o eu incomparável, o eu único que você é.

A ausência de desejo é fruto do conhecimento... A sabedoria é fruto do desapego, da energia que não se move para fora.

três caminhos básicos e indivisíveis

O eu supremo é formado pela palavra "aquilo", que tem maya, ilusão, por disfarce; que é a fonte do mundo, investida de onisciência, onipresença e todo o resto; que se mistura com o indireto e é, em si, realidade.

Aquilo que faz as vezes de abrigo para a experiência do eu e da palavra "eu", e cujo conhecimento de seu próprio ser interior é falso, chama-se "tu" – tvan.

O supremo tem maya, ou ilusão, por disfarce; e o eu tem, por disfarce, a ignorância. Quando nos livramos delas, só o eu supremo permanece, indivisível: sat chit anand, existência, consciência e bem-aventurança.

Adhyatma Upanishad

Os Upanishads não acreditam num Deus pessoal. Nem em relações pessoais com o divino.

Acham que a relação pessoal é impossível, inconcebível. Por quê? Porque a própria personalidade é ilusória. Procure entender bem isso. Sou uma pessoa. Isso quer dizer que estou separado da existência: personalidade significa separação. Não posso ser uma pessoa se não for definido, não posso ser uma pessoa se não for diferente, não posso ser uma pessoa se não estiver separado. A personalidade existe como uma ilha: definida, demarcada, diferente, separada. Os Upanishads sustentam que as personalidades são falsas; apenas parecemos ser pessoas, mas não somos.

O ser interior é impessoal; não tem limites, não tem fronteiras. Começa em lugar nenhum e acaba em nenhum lugar. Estende-se ao infinito; é infinito e eterno. Tanto no tempo quanto no espaço, é indefinido, indiferenciado. Não é separado como uma ilha.

A palavra *personalidade* é muito bonita; não temos equivalentes tão bonitos para ela em sânscrito ou híndi. Ela vem do termo latino *persona*, que significa "máscara". *Persona* é simplesmente máscara. Os atores a usavam para representar ou simular um rosto numa peça teatral. O termo, na origem, significa máscara, rosto artificial. Assim, se numa peça você estiver fazendo o papel de Rama, usará um rosto falso para dar a impressão de que é mesmo Rama. Mas por dentro você não é Rama, só a máscara é de Rama. A palavra *personalidade* vem de *persona*.

Todos temos personalidade, que não passa de uma máscara. Dentro, não há nenhuma pessoa, apenas energia eterna, infinita. Por fora, temos um rosto. Esse rosto não somos nós, esse rosto se parece com qualquer máscara de um drama qualquer. O mundo é um grande drama e você tem de representar inúmeros papéis – por isso, um rosto só não basta. O drama é muito longo, muito amplo, multidimensional: por isso, todos possuímos vários rostos. Você não é uma pessoa, você são várias pessoas juntas.

Quando você conversa com um amigo, tem um rosto diferente; não é a mesma pessoa. Quando você se depara com um inimigo, tem outro rosto; esse rosto não é o mesmo. Está com a criatura amada? Mais um rosto. Está com sua esposa? Mais um rosto. Quando um casal passa, você consegue dizer se são marido e mulher ou não. Se estão felizes, não são; se parecem nas nuvens, em êxtase, não são – o homem sem dúvida está com a mulher de outro. Se estivesse com a dele próprio, tudo seria sofrimento, dor, sobrecarga, dever. Dever é sobrecarga; não tem nada de alegre, nada de divertido.

Observe um homem caminhando com sua esposa. Ele não pode olhar para os lados; se uma mulher bonita passa, tem de agir como um monge. Você imediatamente percebe que ela é a esposa porque ela observa o homem o tempo todo: "Para onde está olhando? O que está vendo?". E o coitado terá de lhe prestar contas quando voltarem para casa. Sem dúvida, nenhuma explicação será aceita, mas alguma explicação ele precisará dar.

Você conversa com seu funcionário: repare em seu rosto no espelho. Você conversa com seu patrão: olhe bem para seu rabo, que, apesar de ausente, continua balançando. Não está ali, mas *está*. O homem tem muitos rostos e precisa ter, pois a cada momento precisa de um diferente. Quanto mais civilizado for, mais rostos terá; quanto mais civilizado e culto for, com mais facilidade trocará de rosto rapidamente. Na verdade, você nem percebe que troca de rosto; o processo se tornou automático.

Portanto, personalidade não é personalidade, são realmente personalidades. Cada pessoa são muitas pessoas – uma multidão interior e vários rostos que mudam de momento a momento. Mas somos nossos rostos?

No Japão, sempre que um interessado procura um mestre zen, este lhe diz: "Medite. E este é o objeto que lhe dou para meditar: descubra seu rosto original. Descubra como era antes de nascer ou como será depois de morrer. Encontre seu rosto original – o seu, não o que existe para os outros".

Todos os nossos rostos são para os outros. Você tem um só seu? Não pode ter, pois rostos existem basicamente para os outros. Você não precisa deles para si, não há essa necessidade. Você não tem rosto. De fato, o rosto original não tem rosto. Você não tem um rosto interior – todos os rostos são exteriores, existem para os outros, são feitos para os outros.

Os Upanishads dizem que, por dentro, somos impessoais – somos vida, não pessoas; somos energia, não pessoas; somos vitalidade, não pessoas; somos existência, não pessoas. Então, como estabelecer uma relação com o divino? Como criar um vínculo com a fonte original de vida? Se não temos rosto, como poderia tê-lo o divino? O divino não tem rosto. Não tem e não precisa ter. Ele é existência pura, sem corpo e sem rosto. Portanto, não podemos nos relacionar com ele pessoalmente.

As religiões falam em termos de relação pessoal. Algumas chamam Deus de pai, mãe, irmão, amante ou seja lá o que for; isto é, pensam em termos de relação, de entidades relacionadas. Adotam atitudes antropocêntricas. O pai é uma relação humana. Irmão, mãe, amante são relações humanas. Quando pensamos em termos de relação com o divino, erramos o alvo porque o divino não é uma pessoa e o relacionamento pessoal não é possível. Por isso, os Upanishads nunca chamam Deus de pai. Nunca chamam Deus de mãe. Nunca chamam Deus de amado ou amante. Chamam-no simplesmente de "aquilo" – *tat*.

O termo *tat* é fundamental no ensino e na filosofia upanishádica. Quando dizemos "aquilo", não pressupomos nenhum sentido de personalidade. Quando chamamos a existência de "aquilo", não levamos em conta a possibilidade de nos relacionarmos com ela – essa possibilidade não existe. Como poderíamos nos relacionar com "aquilo"? Ninguém pode se relacionar com "aquilo".

O que significa isso? Que, em última instância, não podemos nos relacionar com o divino? Não, mas mostra que nossa relação

com o divino tem de ser muito diferente – uma relação não humana e, mesmo, o contrário de uma relação humana.

Numa relação de alguém com um marido, esposa, irmão, irmã, pai ou filho, duas pessoas são necessárias. Uma relação só pode existir entre dois pontos, entre dois objetos relacionados. É assim que uma relação humana existe: entre duas pessoas. Ela é um fluxo, uma ponte entre ambas. A relação humana é dual: dois pontos são necessários para que ela se estabeleça. Entretanto, com o "aquilo" – existência pura, o divino ou Deus – não podemos nos relacionar de maneira dual. Essa relação só é possível quando nos tornamos um. Você só pode se relacionar depois de deixar de existir. Enquanto continuar existindo, não haverá relação. Se você não existe, está relacionado; mas então a própria palavra se torna absurda porque uma relação sempre pressupõe duas coisas. Como conceber uma relação em que só uma coisa existe?

Isso é o contrário de uma relação. Chamar o divino de "aquilo" acarreta várias consequências, várias implicações. Para começar, não podemos nos relacionar com o divino no sentido comum de relação. Quando nos tornamos um, relacionamo-nos num sentido extraordinário, absurdo. Em segundo lugar, não podemos cultuar o "aquilo"; é impossível.

Os Upanishads não preceituam cultos nem preces. Não. Aqui, convém entender bem a diferença entre prece e meditação. Os Upanishads ensinam meditação, não prece. A prece é sempre pessoal, um diálogo entre a pessoa e o divino. Mas como dialogar com o "aquilo"? Impossível – a pessoa precisa estar presente, do contrário não pode haver diálogo.

Um dos maiores filósofos judeus contemporâneos, Martin Buber, escreveu um livro intitulado *I and Thou*. O pensamento judaico é dualista, ao contrário do upanisháhico. Buber diz: "Eu e Tu – eis o relacionamento básico entre o homem e o homem, mas também entre o homem e o divino. De fato, esta é a única relação possível, a relação entre o Eu e o Tu".

Se você se postar diante de Deus como "eu", Deus se torna "tu" e a relação é estabelecida. Segundo Buber, quando Deus se torna "tu", ambos se apaixonam. Os Upanishads não concordariam com isso. Para eles, se Deus é "tu", então você está presente para chamá-lo assim. O "eu" continua existindo e o "eu" é uma barreira: se o ego existe, não pode se relacionar. Portanto, se você pensa que o ego está relacionado com o divino, esse pensamento é falso, ilusório. Você está imaginando coisas. Se Deus se torna "tu", isso é pura imaginação. Os Upanishads usam "aquilo". Mas podemos dizer "eu e tu" e não "eu e aquilo", pois não existe relação alguma entre "eu" e "aquilo". O "eu" tem de desaparecer para que o "aquilo" surja e se expanda. Com o desaparecimento do "eu", o "aquilo" nasce. O "aquilo" existe, mas o "eu" é uma barreira. Quando a barreira cai, pela primeira vez sentimos a existência tal qual é – aquilo que existe.

Por isso, os Upanishads chamam a verdade absoluta de "aquilo" – *tat*.

O segundo conceito que se deve extrair desse sutra é que a natureza do "aquilo" consiste em *sat-chit-ananda* (ou *satchitananda*). *Sat* significa existência; *chit* significa consciência; *ananda* significa bênção ou bem-aventurança. Esses são os três atributos do "aquilo": ele existe, ele é consciente, ele é bem-aventurado. Sua verdadeira natureza é bem-aventurança.

Se você conseguir captar esses três atributos, entenderá o "aquilo". Você existe, não tem nenhuma dúvida disso. Todos dizem: "Eu existo". Você era criança e dizia: "Eu existo". Mas onde está essa existência agora? Você tornou-se jovem e repete: "Eu existo". Vai se tornar velho. A criança dizia "Eu existo", o jovem dizia "Eu existo" e o velho dirá "Eu existo". E a criança já se foi, o jovem já se foi e o velho logo morrerá, desaparecerá. Quem diz "Eu existo"? Quem continua a existir? A infância se transforma em mocidade, a mocidade em velhice; e a vida, em morte. Quem diz "Eu existo?" Você o conhece?

Quando diz "Eu existo", você sempre identifica seu "eu" com a condição em que se encontra. Se é criança, afirma: "Eu, a criança, existo". Se é velho, afirma: "Eu, o velho, existo". Se diz "eu" e é um homem, quer dizer que um homem existe; se é uma mulher, quer dizer: "Eu existo, uma mulher existe". Sempre a condição é identificada com o "eu" – e as condições vão mudando. Portanto, na verdade, você não conhece o que existe; conhece apenas o que muda sem parar.

Segundo os Upanishads, o que muda não tem existência; é uma ilusão. Só tem existência o que é eterno. Por isso, procure dentro de si mesmo o ponto central, que possa dizer: "Eu existo, imutável, eterno, absolutamente eterno". Se alcançar esse centro da existência, alcançará duas coisas automaticamente, imediatamente: a consciência absoluta e a plenitude da bem--aventurança. Mas poderá também tentar outros caminhos. Há três atributos, portanto deve haver três caminhos básicos. Atinja a existência – pois os outros dois se seguirão – ou atinja qualquer dos dois e os dois restantes se seguirão.

Atinja a consciência, torne-se plenamente consciente – o que você ainda não é. Você está adormecido, inconsciente, vagando como um sonâmbulo. Faz as coisas como um autômato. Repare num homem comendo: ele está ali, mas sua mente perambula ao longe. Talvez se encontre em seu escritório ou em outro lugar qualquer. Dado que sua mente não está ali, o homem come dormindo. Aquilo se tornou uma rotina, da qual ele não se afasta. Você caminha, suas pernas caminham – mas você não está em suas pernas. Não está ali; já alcançou a meta que suas pernas

tinham de alcançar. Ou então ficou para trás, longe delas, sem plena consciência de que "Estou me movendo, andando, comendo".

Atinja a consciência. O que quer que faça, faça-o com a mente plenamente consciente, atenta, alerta. Se, por um único instante, conseguir ficar totalmente consciente, totalmente livre do sono, sem nenhuma mente inconsciente dentro de si mesmo [...] então se tornará um iluminado. Os outros dois atributos comparecerão imediatamente – imediatamente! "Comparecer" não é bem a palavra: eles acontecerão imediatamente, simultaneamente. Não precisarão vir – lá estarão de imediato, *yugapat*. No momento em que você se tornar plenamente consciente, será existência absoluta, eterna – bem-aventurança total.

Você pode também tentar o caminho da bem-aventurança. Não permita que sua consciência fique vulnerável ao sofrimento. Não deixe que ela ceda à fraqueza de ser infeliz. Seja forte, resista à tentação da dor. Todos somos propensos a isso por razões psicológicas: quando sofremos, os outros nos dão mais atenção.

Uma criança adoece e a família inteira se junta ao redor de sua cama; quando está sã, ninguém se preocupa com ela. A criança logo aprende o truque: finja-se de doente, finja estar sentindo dor e o mundo inteiro passará a girar à sua volta. Isso não acontece, mas todos tentam. Você já percebeu que, quando está doente, sente uma certa satisfação nisso? Um certo prazer? Agora a doença é pretexto para tudo: seus negócios estão indo de mal a pior, mas o que fazer? Você está doente. Sua cabeça não está funcionando bem, mas como poderia ser de outra forma? Você está doente. Sim, tudo pode ser atribuído à sua doença. Uma vez doente, você se torna um ditador. Sua esposa, seus filhos, seus irmãos têm de obedecer-lhe – Você está doente. O pai diz aos filhos: "Sou um velho. Estou doente e logo vou morrer". Isso gera autoridade. O homem continua: "Vocês precisam me ouvir".

Nós investimos no sofrimento e por isso sempre o acolhemos bem. Se o sofrimento não aparece, sentimo-nos infelizes. Nenhuma dor? Mas então como será? O que fazer? Quando a pessoa sofre, indo de médico em médico, sente-se ótima.

Eu ouvi uma história a respeito do grande cirurgião, Kenneth Walker. Ele escreveu em algum lugar que, certa vez, estudava com seu professor, uma figura muito famosa, e estava sentado conferindo algu-

mas anotações quando um paciente entrou e foi direto ao grande homem. Este lhe perguntou: "Por onde andou? Esteve doente? Não o vejo há dois anos!".

"Esteve doente?" – é claro que, quando ficam doentes, as pessoas não podem ir até o médico! Os que vão estão gostando da brincadeira; trocam de médico o tempo todo e dizem: "Procurei o doutor tal e o doutor tal, mas nenhum pôde me ajudar. Minha doença é incurável. Derrotei todos os médicos".

Praticamente a mesma coisa sucede comigo. Muitas pessoas me procuram dizendo: "Estudei com o guru tal e com o mahatma tal, procurei fulano e sicrano, mas nada aconteceu". Derrotaram todos. E agora querem me derrotar: "Nada aconteceu; pode fazer algo por mim?". Quando alguém é responsável por essas pessoas, nada acontece mesmo, pois se acontecer elas se tornam infelizes. Já não podem ir a parte alguma, já não podem dizer: "Consultei aquele sujeito e nada aconteceu". Ficarão desgraçadas se algo acontecer, por isso continuam simulando.

Sinta-se bem-aventurado. Não se deixe vencer pela infelicidade. Não se ajude a ser infeliz. Não coopere com o sofrimento; resista a essa tentação. Ela é sedutora – mas resista! E procure estar satisfeito com qualquer estado de mente. O que quer que aconteça lá fora, não deixe que perturbe sua bem-aventurança. Continue sendo bem-aventurado.

Vou lhe contar uma história. Chuang-Tzu, um dos maiores taoistas da China, estava sentado diante de sua cabana tocando um instrumento e cantando. Naquela mesma manhã sua esposa falecera –

e ele cantava. O imperador apareceu para lhe apresentar suas condolências. Chuang-Tzu era um grande homem e o imperador o respeitava muito. Ficou, porém, perplexo ao vê-lo sentado sozinho sob uma árvore, rindo e cantando. Mas estava ali e se preparara para a ocasião. Quando alguém morre, é preciso estudar com antecedência o que dizer, como consolar [...] e dar o fora o mais rápido possível (como todos sabem por experiência própria)! É um dever a cumprir, e dos mais desagradáveis. Alguém morreu e você precisa fazer alguma coisa, dizer algumas palavras: vá lá, faça uma cara triste e depois saia rápido. O imperador estava preparado para isso, mas Chuang-Tzu estragou tudo.

O imperador chegou, viu o sábio rindo, cantando e tocando um instrumento; ficou perplexo. Agora, tudo o que ensaiara não poderia ser dito. Chuang-Tzu não parecia triste; era como se ninguém tivesse morrido. Na verdade, ele parecia até estar comemorando. Por isso, o imperador disse: "Chuang-Tzu, sei que você é um grande sábio. Mas não ficar triste já é demais. Comemorar é ir muito longe. Não fique triste, isso basta; convém a um santo. Mas o que vejo é um exagero. Sua esposa morreu nesta mesma manhã e o que você faz? Canta, ri e parece contentíssimo! Por acaso hoje é o dia de seu casamento, você vai se casar de novo? O que se passa, afinal?".

Chuang-Tzu respondeu: "Jurei ao meu mestre que permaneceria sempre feliz. Nenhum acontecimento perturbaria minha felicidade. Assim, interpreto tudo o que acontece de modo a aumentar essa felicidade".

Lembre-se: tudo é interpretação. Se você quiser ser infeliz, interpretará todas as situações dessa maneira. Se quiser ser feliz, as mesmas situações serão interpretadas de maneira diferente.

O imperador então pediu: "Tenho várias esposas e às vezes uma delas morre. Por favor, ensine-me o truque, o segredo de ser feliz nesse estado".

Chuang-Tzu explicou: "O que acontece fora, acontece fora, não dentro. Precisamos nos lembrar sempre disso. O que acontece no mundo exterior não deve nos perturbar porque não somos o mundo exterior, somos o mundo interior. O mundo exterior é divisão, recordação, preocupação constante. Sempre contemple a vida com aceitação total e nunca se sentirá infeliz. Minha esposa morreu; todos têm de morrer. Cedo ou tarde eu morrerei também, portanto a morte é parte da vida. Quem nasceu morrerá, de modo que não aconteceu nenhuma desgraça, apenas um fenômeno natural, um processo natural. Não bastasse isso, minha mulher era idosa, estava doente e sofria; então morreram também com ela a velhice, a doença e o sofrimento. Foi bom; a morte foi boa. Agora ela está tranquila. Quando vi seu rosto sem vida, foi a primeira vez que a vi feliz. Ela nunca havia sido tão feliz antes. Por isso, estou comemorando o acontecimento. Finalmente, ela alcançou a bem-aventurança".

Interpretações... E conta-se que Chuang-Tzu acrescentou: "Esta é a última vez que a vejo, este é o dia da partida. Ela viveu comigo muito tempo. Ajudou-me, serviu-me, tornou minha vida de muitos modos agradável, alegre, divertida. Pois então! Não devo render-lhe minha gratidão, meus respeitos, meus agradecimentos no dia da partida, da grande partida? Estou comemorando todas as lembranças, todas as boas lembranças associadas à minha mulher. Estou cantando".

Uma coisa depende da outra. Se a pessoa tentar ser feliz continuamente, se não fizer força para ser infeliz, se permanecer centrada em seu próprio ser, impassível, inabalável – imediatamente os outros dois atributos se manifestam. Ela atinge a existência e a consciência. Esses são os três caminhos. A bem-aventurança é um deles. Muitas pessoas o escolheram.

A consciência é outro caminho, um dos mais seguidos. Mahavira e Buda preferiram ser conscientes. A existência é o terceiro caminho. Esses são os três caminhos básicos porque constituem os atributos da realidade última.

Todo caminho seguido se torna um rio. Você flui com ele em direção ao divino, ao oceano supremo. É nesse oceano que deságuam os três rios.

Na verdade, estamos empregando aqui um símbolo. Em nossa mitologia, Ganga, Jamuna e Saraswati eram considerados rios sagrados. São os três rios, os três caminhos. Ganga e Jamuna são visíveis; Saraswati se tornou invisível.

O caminho da bem-aventurança é visível. Quem o segue passa a ser conhecido em toda parte, pois a bem-aventurança se exterioriza e desabrocha. Os olhos, os movimentos, tudo nessa pessoa indica que ela é uma bem-aventurada. Não se pode ocultar a bem--aventurança; isso é impossível.

O homem que seguir o caminho da consciência também será visível porque o próprio esforço de se manter consciente o tempo todo dará aspecto novo a seus traços, a seus movimentos, a seus gestos. Ele se moverá conscientemente, cada um de seus passos será consciente. Você pode vê-lo – pode ver um buda andando; ele anda de modo diferente. Pode ver um buda falando; ele fala de modo diferente. Seus gestos são conscientes. Quando todo gesto é consciente, todo movimento é diferente. Não fica invisível; torna-se visível. Eis aí Ganga e Jamuna.

Saraswati, o caminho da existência, é invisível. Ele flui por dentro, em busca daquilo que existe. Não pode ser conhecido, não pode ser sentido de fora. Assim, aqueles que seguiram o caminho da existência são os mestres desconhecidos; eles não são conhecidos comumente. A menos que procurados sem descanso, ninguém os conhece.

Os sufis seguem o terceiro caminho, Saraswati – o invisível, o rio que não se vê. Por isso, se você perguntar a um sufi: "Onde está seu mestre?", poderá ser encaminhado a um sapateiro, um alfaiate ou um varredor. Ninguém o conhece; nem seus vizinhos sabem que ele é um mestre. É apenas um sapateiro, você mesmo não acreditará que seja um mestre. Mas, se viver por dois, três, cinco anos em sua companhia, em sua vizinhança, em sua presença, aos poucos se dará conta de que aquele homem é diferente. Essa diferença, no entanto, tem de ser sentida. Exige tempo; é profunda, invisível.

Eis os três caminhos – apenas três, pois três são os atributos do divino, do absoluto, da existência.

três caminhos básicos e indivisíveis 135

torne-se o desconhecido

A investigação da unicidade da alma e de Brahman, segundo o grande dito "aquilo és tu", chama-se audição correta.

Pensar da maneira correta sobre o significado do que se ouviu chama-se contemplação correta.

Harmonizar e concentrar a mente no significado – fruto da audição correta e da contemplação correta – para além de quaisquer dúvidas, chama-se meditação.

Por fim, quando o meditador e a meditação são eliminados, e só tu permaneces meditando sobre os meios, então a mente se torna fixa e inabalável como uma chama num recinto sem ar. Isso se chama samadhi.

Adhyatma Upanishad

*Este sutra usa quatro palavras para quatro passos –
quatro passos em direção ao desconhecido.
A primeira é* shravan, *que significa audição correta –
não simplesmente audição, mas audição correta.*

Nós ouvimos, todos ouvem, mas a audição correta é um feito raro. Então qual é a diferença entre audição e audição correta, *shravan*?

Audição correta significa algo mais que audição fragmentária. Digo alguma coisa e você ouve. Seus ouvidos estão sendo usados, mas você não está ali, está longe. Não está presente por inteiro; desse modo, não há audição correta.

Audição correta significa que você se transformou em seus ouvidos – seu ser inteiro está ouvindo. Não há pensamento, não há ideias, não há processo mental: você apenas ouve. Tente isso de vez em quando; isso é, em si, uma meditação profunda. Pássaros cantam; apenas ouça, esquecido de tudo, transformado em seus ouvidos. O vento agita as árvores, as folhas farfalham; apenas ouça, esquecido de tudo. Não pense, apenas ouça. Seja todo ouvidos. Essa é a audição correta: você está inteiramente absorvido nela, está totalmente presente.

Os Upanishads explicam que as fórmulas esotéricas fundamentais da alquimia espiritual não podem ser transmitidas a menos que estejamos num momento de audição correta. Essas fórmulas espirituais, essas chaves secretas, não podemos recebê-las tais quais somos: inconscientes de nós mesmos, fragmentários, parciais, ouvindo sem estar presentes. Essas chaves, só podemos recebê-las quando nosso ser total se tornou receptivo a elas. São sementes, sementes poderosas; vão explodir dentro de nós. E, dentro de nós, crescerão caso nos tornemos um ventre capaz de acolhê-las. Se nossos ouvidos se transformarem num ventre acolhedor e estivermos totalmente presentes; se nosso corpo todo ouvir com cada fibra, cada célula – então, e só então, as "grandes sentenças", como são chamadas (*mahavakyas*), nos serão transmitidas.

Por isso foi tradição na Índia, na Índia dos tempos idos, nunca escrever essas *mahavakyas*, essas grandes fórmulas secretas – porque, se fossem escritas, qualquer pessoa poderia lê-las. E talvez não estivesse preparada. Leria, mas não ouviria; tomaria conhecimento e esse conhecimento superficial funcionaria como uma barreira. Julgaria conhecer realmente – mas esses segredos não podem ser conhecidos por meio de palavras, apenas por meio da experiência.

De sorte que os *rishis*, os autores desses Upanishads, evitaram por séculos escrevê-los. Esses segredos foram passados de pessoa para pessoa. E não da maneira comum, mas segundo um processo extraordinário. O mestre os transmitia ao discípulo. E o discípulo precisava esperar às vezes muitos anos, sempre junto ao mestre, esquecendo-se completamente, todo atenção – ouvindo o que ele dizia, fazendo o que ele mandava. Ele precisava apenas ser obediente, prestimoso, e permanecer sempre na presença do mestre, aguardando o momento propício. Não era o discípulo que escolhia o momento e sim o mestre; o discípulo esperava pacientemente... De súbito, um belo dia, a qualquer momento, o mestre falava. Quando o mestre percebia que o discípulo estava pronto para ouvir com todo o seu ser, que se tornara um ventre receptivo aos segredos – então ele falava.

Mas o que oferecia ao discípulo eram coisas muito simples. Por exemplo, esta sentença simples, a mais simples de todas, mas a mais difícil de entender: "Aquilo és tu – *tat tvamasi*".

Já vimos que os Upanishads chamam o absoluto de "aquilo". Portanto, o "aquilo" está lá e você, aqui. Qual a relação? Onde está a ponte entre os dois? A sentença diz: aquilo és tu.

Mas o "aquilo" não está longe de você, está dentro de você.

É um longe interiorizado.

Parece muito longe porque você não o reconhece; se reconhecer, ele estará aqui e agora, dentro de você. Você é aquilo.

A frase é muito simples: até uma criança pode entendê-la e guardá-la. Mas são

necessários anos para compreendê-la. Aquilo és tu, eu sou aquilo. Compreender que meu ser é um com o ser universal, compreender que o ser universal e o meu ser não são coisas separadas, mas unidas... Como chegar a isso?

O primeiro passo é a audição correta: ouça o mestre da maneira certa. E isso significa: ouça o mestre com todo o seu ser, com toda a sua receptividade. Seja todo ouvidos, pois só então compreenderá o que ele disser.

O segundo passo é o pensamento correto. Você pode pensar de duas maneiras: negativamente, e então o pensamento será errado; positivamente, e então o pensamento será correto. O pensamento negativo começa pela negação, pela rejeição. Começa pelo "não"; o "não" é seu ponto de partida. Estude seu íntimo e descubra se você não costuma começar assim. Quando alguma coisa é dita, qual o primeiro sentimento que brota em você? O sentimento de "sim" ou o sentimento de "não"? Você verá que, em 99% das ocasiões, o que brota é um "não". Talvez você nunca tenha percebido isso. Mesmo em situações fúteis, em que o "não" é desnecessário, ele aparece. A criança pergunta à mãe: "Posso brincar lá fora?". Logo vem a resposta: "Não!" Ela às vezes nem percebe por que diz isso.

O "não" é nossa atitude básica. Por quê? Porque, dizendo "não", sentimos que somos alguém. A mãe sente que é alguém, pois pode dizer "não". A criança é negada, seu ego é ferido e o ego da mãe se expande. O "não" infla o ego; é alimento para o ego e por isso nos exercitamos em dizer "não".

Vá a qualquer lugar e encontrará sempre pessoas que dizem "não". Essa palavra dá autoridade. Quem pode proferi-la é alguém. Dizer "sim, senhor" nos faz sentir inferiores, subordinados, nulidades. Só nulidades dizem "sim, senhor". "Sim" é positivo e "não" é negativo. Lembre-se disto: o "não" alimenta o ego; o "sim" é o método para descobrir o eu. O "não" robustece o ego; o "sim" o destrói.

Pensar corretamente significa dizer "sim". Primeiro, veja se pode dizer "sim" – se não puder, se isso for impossível, então diga "não". Nosso método, porém, recomenda que primeiro digamos "não"; se isso for impossível, só então dizemos "sim", a contragosto. E ficamos aguardando o momento de dizer "não". Mente orientada pelo "não", mente orientada pelo "sim"...

Na busca religiosa, dizer "não" é fracassar; não ajuda em nada. Na busca religiosa, você não fortalece o ego. Tente um dia destes dizer sim... Comprometa-se, por 24 horas, a começar pelo "sim" em qualquer situação. Uma profunda serenidade tomará conta de você. Nas mínimas coisas! Se a criança pedir para ir ao cinema – que vá; seu "não" não significa nada. Ao contrário, torna-se convidativo, atraente, pois, ao mesmo tempo que você fortalece seu ego, a criança fortalece o dela. Tentará se opor ao seu "não" e conhece maneiras de fazer isso, de transformar seu "não" em "sim". Sabe que basta um pequeno esforço, uma breve insistência para seu "não" se tornar um "sim".

Durante 24 horas, procure de todas as maneiras começar pelo "sim". Você encontrará muitas dificuldades, pois estará consciente da situação: imediatamente, o "não" vem primeiro! Em tudo, o "não" vem primeiro; isso se tornou um hábito. Não diga "não"; diga "sim" e note como o "sim" o deixa descontraído. Sobretudo na busca espiritual, quando você está trabalhando com um mestre, dizer "sim" economiza muito tempo, muita energia. Você fica totalmente receptivo e, graças a essa receptividade total, as coisas começam a acontecer.

Pensar corretamente significa começar a pensar com o "sim"! Isso não quer dizer que você não possa usar o "não"; quer dizer apenas que deve começar pelo "sim". Encare tudo com o "sim" em mente. Depois, se for impossível, diga "não". Você não encontrará muitas oportunidades de dizer "não" caso comece pelo "sim". Mas, caso comece pelo "não", não encontrará muitas oportunidades de dizer "sim". O começo representa 99% da obra – só por começar, você já realizou 99%. O começo dá o tom a tudo, até ao fim.

Pensar de maneira correta é pensar, mas pensar com ânimo receptivo. Pense com o "sim" em mente. Use a lógica, use a razão; mas use a razão e a lógica para encontrar uma maneira de dizer "sim". Repito: use a lógica, use a razão, mas como instrumentos para uma resposta positiva. Nós, porém, usamos a razão e a lógica para descobrir um modo de dizer "não". Nossa lógica inteira é uma estrutura montada para descobrir o "não". Mas o contrário é que devemos fazer; o contrário é que é o pensamento correto.

O terceiro atributo é a contemplação correta.

Quando você, graças ao pensamento correto, descobrir que uma coisa é verdadeira, contemple-a, medite sobre ela. Em seguida, tente encontrar algum tipo de harmonia entre ambos. Como uma verdade não vivida não é uma verdade – às vezes, chega a ser mais perigosa que uma mentira. Uma verdade não vivida é um fardo. Uma verdade não vivida divide a mente. Uma verdade não vivida se torna um fantasma, um pesadelo. Convém não pensar numa verdade quando você não estiver disposto a ser transformado por ela, caso contrário a verdade o assombrará, perturbará seu sono. Você ficará inquieto e sofrerá muito desnecessariamente.

Portanto, só contemple a verdade se estiver pronto para mudar de acordo com ela; se não estiver, isso poderá ser perigoso. E não brinque com perigos; brincar com perigos é brincar com fogo. É melhor será

deixar de lado as verdades, pois então você será um ignorante feliz. A ignorância tem suas vantagens. No momento em que você começa a contemplar, a felicidade se vai. A inquietação se apossa de você; você se sente deslocado, estranho, um intruso. Não pode recuar; não há recuo, não há volta. Já não pode recair em sua abençoada ignorância, só pode ir para a frente.

O terceiro passo é a meditação correta. Primeiro, audição correta; segundo, pensamento correto; terceiro, meditação correta. Medite agora sobre o que descobriu, sobre o que encontrou graças ao pensamento correto. Tente criar uma ponte entre você e ele. Tente ser como ele, transforme-se de acordo com ele. Torne-se uma sombra dele e siga-o. Se não fizer isso, a verdade continuará sendo puramente intelectual. Ela não se transformará em seus ossos, em seu sangue, em sua pulsação, em seu ser. Contemple, medite – medite sempre. E lembre-se: você se torna o objeto de sua meditação.

Se meditar constantemente sobre alguma coisa, aos poucos você irá se transformando em sua meditação, no objeto de sua meditação. A meditação transforma a pessoa. Não se esqueça de meditar sobre a verdade descoberta pelo pensamento correto. Crie uma certa harmonia entre você e a verdade. Não fique com a verdade na cabeça; permita que ela vá fundo, a ponto de você começar a se sentir, até certo ponto, uno com ela. Eu disse "até certo ponto". Você não pode se sentir totalmente uno com a verdade no terceiro passo; pode sentir apenas uma certa unidade, uma certa similaridade, uma certa sintonia – não a unidade total. A unidade total só vem no quarto passo.

Esse quarto passo é *samadhi*, o êxtase correto. Se, no terceiro passo, você começou a sentir uma certa harmonia, uma certa sintonia, uma certa abertura, uma ponte para a verdade, então mergulhe nesse sentimento.

Samadhi significa a permanência exclusiva do um. Na meditação, há três pontos. A meditação se divide em três partes: o meditador, o objeto da meditação e a meditação, isto é, a relação entre ambos. Portanto, a meditação se compõe de três elementos, três divisões: meditador, objeto da meditação e relação (meditação). Quando esses três elementos se dissolvem, o meditador se perde na meditação e a meditação se transfunde em seu objeto. Um deles sempre permanece, embora os três se percam. O que significa isso? Que a consciência pura permanece; que o conhecimento puro permanece; que a percepção pura permanece. Você não está consciente de nada, apenas consciente: você não existe, existe apenas a consciência – melhor seria dizer, apenas a consciência persiste. Você pode escolher qualquer dos três elementos – um deles subsistirá.

Existem três tipos de buscadores. Um diz que o objeto da meditação subsiste, o outro diz que o sujeito da meditação subsiste, o outro diz que tanto o sujeito quanto o objeto da meditação desaparecem: só resta a meditação. Mas aí não há conflito algum; a diferença está apenas nos nomes.

Os três desaparecem; os três se dissolvem na unidade.

Essa unidade é "Aquilo és Tu".

Essa realidade surge para realizar o "Eu sou Aquilo" ou o "Aquilo sou Eu – *tat tvamasi*".

Passo a passo, caminhe para o desconhecido – e torne-se o desconhecido.

sobre o autor

Osho é um místico contemporâneo cujos ensinamentos inspiraram milhões de pessoas de todas as condições sociais. Seus trabalhos, publicados em mais de 50 línguas, são transcrições de palestras feitas de improviso durante um período de 35 anos. Eles abrangem os assuntos mais variados, desde a busca pessoal da felicidade até as mais prementes preocupações sociais, políticas e espirituais da nossa época. O *Sunday Times*, de Londres, definiu Osho como um dos "1.000 construtores do século XX". Seus livros são *best-sellers* em muitas línguas e em muitos países.

"Ele cita Jesus, Buda, Mahavira, Lao Tzu, os sufis e os antigos mestres do Zen com memória magnífica, interpretando-os com vigor e clareza como se eles estivessem falando hoje, como se estivessem usando jeans." – *Die Zeit*, Alemanha

"Osho é um dos mais notáveis oradores que já ouvi." – Bernard Levin, *The Times*, Reino Unido

WEBSITE DO OSHO

Para maiores informações sobre Osho, consulte www.osho.com – um website em várias línguas, com informações sobre o autor, seu trabalho e o Osho Meditation Resort.